Inspiration Christentum

Gerlinde Baumann

EWIGES LEBEN

HERDER spektrum

Band 6179

Das Buch

Der christliche Glaube an das ewige Leben übt seit jeher auf viele Menschen großen Reiz aus. Immense Hoffnungen knüpfen sich an die biblische Zusage, dass das Leben der Gläubigen mit dem Tod nicht vorbei ist. Und doch ist nicht nur den meisten Nichtchristen fraglich oder rätselhaft, was unter dem »ewigen Leben« zu verstehen ist, sondern auch vielen Menschen christlichen Glaubens.

Das vorliegende Buch möchte die Leser auf die Glaubenswege und in die Denkbewegungen mitnehmen, die um das Thema des ewigen Lebens kreisen. Vielfältige Wege und Bewegungen sind es, die auf der biblischen Überlieferung und den alten Bekenntnissen fußen und sich teilweise doch weit von diesen entfernt haben. Altes und Neues gibt es zu entdecken. Auf viele Fragen, die wir uns rund um das Sterben und den Tod stellen, gibt es Antworten. Ein Gedanke, soviel sei vorweggenommen, zieht sich durch das Thema und überrascht vielleicht: Der christliche Glaube an das ewige Leben berührt nicht nur das Leben nach dem Tod, sondern hat – womöglich noch stärker – Auswirkungen auf unser jetziges Leben.

Die Autorin

Gerlinde Baumann, Dr. theol., geboren 1962, studierte evangelische Theologie, Ägyptologie und Altorientalistik und war Gemeindepfarrerin. Heute ist sie Privatdozentin für Altes Testament an der Universität Marburg und zudem freie Übersetzerin und Autorin.

Gerlinde Baumann

EWIGES LEBEN

Hoffnung über den Tod hinaus

HERDER

FREIBURG · BASEL · WIEN

Originalausgabe

© Verlag Herder GmbH, Freiburg im Breisgau 2010
Alle Rechte vorbehalten
www.herder.de

Umschlagkonzeption und -gestaltung:
Weiß-Freiburg GmbH, Graphik & Buchgestaltung
www.weiss-freiburg.de
Umschlagfoto: © istockfoto.com

Layoutkonzept: tiff.any GmbH, Berlin
Satz: tiff.any GmbH, Berlin
Herstellung: fgb · freiburger graphische betriebe
www.fgb.de

Gesetzt aus der Linotype Janson Text Standard
Gedruckt auf umweltfreundlichem, chlorfrei gebleichtem Papier
Printed in Germany

ISBN 978-3-451-06179-0

Inhalt

Einleitung

Der christliche Glaube an das ewige Leben übt seit jeher auf viele Menschen großen Reiz aus. Immense Hoffnungen knüpfen sich an die biblische Zusage, dass das Leben der Gläubigen mit dem Tod nicht vorbei ist. Und doch ist nicht nur den meisten Nichtchristen fraglich oder rätselhaft, was unter dem »ewigen Leben« zu verstehen ist, sondern auch vielen Menschen christlichen Glaubens.

Die Ursachen dieser Skepsis sind vielfältig. Eine Schwierigkeit könnte darin bestehen, dass vor einer Beschäftigung mit dem ewigen Leben die Auseinandersetzung mit dem Tod steht. Das aber ist vielen Menschen unangenehm, ist doch unser heutiges Leben stark auf Fortschritt und Zukunft hin orientiert. Ohne permanentes Wachstum scheinen Wirtschaft und Gesellschaft nicht zu funktionieren. Solange wir jünger sind, mag sich diese Wachstumsdynamik mit unserem Lebensgefühl decken: Beide können sich gegenseitig beflügeln. Doch mit zunehmendem Alter macht man auch Erfahrungen, die diesem Lebensgefühl entgegenstehen: Wer das Ende einer Partnerschaft erlebt hat, weiß um die Brüchigkeit von Beziehungen. Mit dem Tod anderer Menschen wird uns die Fragilität des eigenen Lebens schmerzlich bewusst. Der Tod anderer löst nicht nur Trauer in uns aus, sondern auch beklemmende Fragen: Wie wird mein eigenes Sterben, mein Lebensende aussehen? Werde ich vereinsamen, krank oder dement sein, werde ich zu leiden haben?

»Der Blick auf den Tod konfrontiert mich nicht nur mit dem Ganzen und Endgültigen des Lebens, sondern auch mit dessen Einmaligkeit. Ich habe nur ein Leben, ich sterbe nur einen Tod, beides ist unwiederholbar. … Der Tod sagt mir, dass mein Leben und die wichtigsten Entscheidungen darin Ernstfall sind.« (Gisbert Greshake)

Die Endlichkeit des eigenen Daseins konfrontiert uns mit unangenehmen Gefühlen, mit Ängsten, Hilflosigkeit und Trauer. Solche Gefühle machen es nicht nur schwer, sich mit dem unweigerlich kommenden eigenen Lebensende zu befassen. Sie können auch den Blick auf ein mögliches »Danach« verstellen.

Ein weiteres Hindernis bei der Beschäftigung mit dem ewigen Leben mag in dessen mangelnder Plausibilität liegen: Wer »bei klarem Verstand« ist, kann sich nicht vorstellen, dass nach dem Tod, dem Verwesen des Leibes oder dem Vergehen seiner Asche noch ein Weiterleben möglich ist. Der Glaube an die Auferstehung widerspricht wie kaum ein anderer christlicher Glaubenssatz dem Augenschein und dem gesunden Menschenverstand.

Gerade damit aber fordert die Rede vom ewigen Leben den Glauben in besonderer Weise heraus. Hier gibt es kaum Brücken zu den naturwissenschaftlichen Erkenntnissen, die unser heutiges Denken prägen, und auch in der Geschichte der Menschheit lassen sich keine beweiskräftigen Argumente für die Existenz eines ewigen Lebens entdecken. Allein die Religionen sind es, die vom Weiterleben nach dem Tod sprechen. Das tun sie zudem auf unterschiedliche Weise: So steht neben der christlichen Hoffnung auch die buddhistische auf die Wiedergeburt, die Reinkarnation. Viele Menschen, auch in unserer Gesellschaft, können dieser fernöstlich geprägten Idee viel abgewinnen.

Die neue Vielfalt religiöser Ideen führt zu einer Situation der Konkurrenz und zu Anfragen an den christlichen Glauben. Und so wollen auch Christen und Christinnen in jüngster Zeit wieder mehr darüber wissen, was ihr Glaube zu einem Leben nach dem Tod zu sagen hat. Darüber hinaus wecken Berichte von sogenannten Nahtoderfahrungen die Hoffnung, dass sich vielleicht doch ein wissenschaftlicher, dem Verstand zugänglicher Blick hinter die Todesgrenze werfen lässt.

Das vorliegende Buch möchte Sie auf die Glaubenswege und in die Denkbewegungen mitnehmen, die um das Thema des ewigen Lebens kreisen. Vielfältige Wege und Bewegungen sind es, die auf der biblischen Überlieferung und den alten Bekenntnissen fußen und sich teilweise doch weit von diesen entfernt haben. Altes und Neues gibt es zu entdecken. Auf viele Fragen, die wir uns rund um das Sterben und den Tod stellen, gibt es Antworten. Ein Gedanke, soviel sei vorweggenommen, zieht sich durch das Thema und überrascht vielleicht: Der christliche Glaube an das ewige Leben berührt nicht nur das Leben nach dem Tod, sondern hat – womöglich noch stärker – Auswirkungen auf mein jetziges Leben: Wenn meine Lebensstrecke nicht nur bis zum Tod reicht, sondern darüber hinaus, kann ich daraus große Freiheit und Gelassenheit gewinnen. Mein Tun hier wird ergänzt, vollendet, in ein neues Licht gestellt durch Gottes Tun danach. Auf diese Weise kann der Glaube an das ewige Leben mein jetziges Leben tief prägen.

»Wir bleiben nicht ewig unter den Sternen, und unser Erdenleben ist nur eine ganz kleine Strecke auf der ganzen Bahn unserer Existenz.« (Matthias Claudius)

1. Wann und wie fragen wir nach einem Leben nach dem Tod?

Eingeschränktes Leben, langes Leid, früher Tod

Häufig fragen wir dann nach dem ewigen Leben, wenn wir mit dem Tod konfrontiert sind. Wenn etwa ein Kind oder ein junger Mensch stirbt, jemand durch einen Unfall mitten aus dem Leben gerissen wird und doch noch so viele Pläne hatte; wenn ein Mensch unter Schmerzen und nach langem Leiden zu Tode kommt, Opfer eines Gewaltverbrechens wird oder sich selbst das Leben nimmt: Dann kommt oft die Frage auf, ob das schon alles gewesen sein soll, ob das Leben damit wirklich schon zu Ende ist.

Vor allem das zu früh oder mit Gewalt beendete Leben ist es, das häufig in besonderer Weise die Frage nach dem Weiterleben nach dem Tod aufbringt. Doch auch andere Erfahrungen können diese Frage heraufrufen: der Kontakt mit Menschen, die ständig an Krankheiten oder unter ungünstigen Lebensumständen leiden, oder auch das Mitgefühlt mit Menschen, deren Leben durch Ungerechtigkeit geprägt ist.

> »In vielfacher Gestalt greift der Tod in das Leben ein. Krankheit und Leid, Erfolglosigkeit, Alter, Pensionierung, Lassen-Müssen, Abschiednehmen, all das sind nicht nur Zeichen und Vorboten des Todes, sondern Wirklichkeiten des Todes im Leben. Leben stirbt nicht auf einmal ab, am Ende, der Mensch muss es vielmehr nach und nach, Stück für Stück hergeben. Darum macht der Mensch im Leben ständig Todeserfahrung.« (Gisbert Greshake)

Im Blick auf das eigene Leben und das anderer werden manchmal auch tiefe Sinnfragen dadurch aufgeworfen, dass jemandem scheinbar die Erfüllung des Lebens versagt bleibt, dass sich Herzenswünsche nicht realisieren lassen, dass die dunklen Seiten in einem Leben deutlich überwiegen. Wer mit solchen Biografien in Berührung kommt, wird vielleicht Hoffnungen oder Fantasien darüber entwickeln, dass das Leben an anderem Ort oder auf eine andere Weise noch Erfüllung finden möge und dass dann Leid, Krankheit, Ungerechtigkeit und Lebensminderung keine Macht mehr über dieses Leben haben werden.

Doch auch im Fall eines »normalen« Todes eines nahen Menschen melden sich Fragen: Soll die intensive Beziehung, die wir zueinander gehabt haben, mit dem Tod ein für alle Mal vorbei sein? Ist es möglich, dass ein mir lieber Mensch anders als »nur« in meiner Erinnerung weiterlebt?

Solche Fragen stellen sich Menschen seit jeher. Die Antworten sind zu verschiedenen Zeiten und in den verschiedenen Kulturen und Religionen oft recht unterschiedlich. Und doch finden sich einige Konstanten. Trost wird darin gesucht, dass Menschen in ihren Nachkommen weiterleben. Auch wenn das individuelle Leben zu früh zu Ende geht, findet doch das Leben des Kollektivs, der Gemeinschaft eine Fortsetzung (dieser Gedanke geht ursprünglich auf den Philosophen Georg Wilhelm Friedrich Hegel zurück). Der Beitrag eines Menschen zum Leben der Familie oder einer größeren Gemeinschaft kann so in denen weiterleben, die er oder sie erzogen, unterrichtet oder begleitet hat.

Das Ausnutzen der Lebensspanne oder die Lebenserfüllung werden nach einem Sprichwort daran gemessen, dass jemand ein Kind gezeugt, ein Haus gebaut und einen Baum gepflanzt hat. Darin kommt der Gedanke zum Ausdruck, dass ein Mensch nicht nur in den eigenen Nachkommen weiterexistieren kann, sondern auch in eigenen Taten, in Kulturleistungen, in etwas, das das eigene Leben überdauert: Das kann das sprichwörtliche Haus sein oder andere Schöpfungen von Dauer, aber auch unverwechselbare Arbeitsergebnisse, in denen sich – wie etwa in Kunstwerken oder Büchern – die Individualität eines Menschen ausdrückt. In jüngster Zeit erscheint manchen Menschen ein »Fortleben« als Plastinat als Option, das eigene Leben über den Tod hinaus zu verlängern.

Es sind nicht immer christliche Vorstellungen, die Menschen unserer Zeit bei der Beantwortung solchen Fragen zurate ziehen. Vor allem in zwei außerchristlichen Bereichen sucht man heute eher die Antwort darauf: dem der Medizin und dem der fernöstlichen Religionen.

Plastinate *sind vor allem durch die Wanderausstellung »Körperwelten« des Anatomen Gunther von Hagens bekannt gewordene* **Form der Konservierung** *von (vor allem) menschlichen Körpern nach dem Tod. Dabei wird die Zellflüssigkeit im Vakuum durch Kunststoff ersetzt, sodass der Körper nicht verwest und beinahe lebensecht wirkt. So werden Menschen nach ihrem Tod zu Exponaten in der Ausstellung. Zum Teil wird dabei der Mensch nicht in seiner körperlichen Unversehrtheit gezeigt, sondern aufgeschnitten oder mit abgezogener Haut, um die Funktion der Organe und deren Beschaffenheit deutlich zu machen. Diese Art der Zurschaustellung toter Menschen ist in Deutschland umstritten.*

Fortschritte in der Medizin und Nahtoderfahrungen

Unser naturwissenschaftlich geprägtes Weltbild wird durch neue Forschungsergebnisse und Erkenntnisse erweitert und vertieft. So verschiebt sich beispielsweise nach und nach die Todesgrenze, und die Gewissheit über den »wirklichen« Tod wird fragiler. Wann ist ein Mensch wirklich tot? Lange Zeit wurde der Atemstillstand als Grenze des Todes angesehen. Bis vor relativ kurzer Zeit galt der Herz-Kreislauf-Stillstand als sicheres Kriterium für den eingetretenen Tod. Heute erscheint der Hirntod als Grenze des Lebens. Wie weit wird die Todesgrenze noch hinausgeschoben werden?

Es sind nicht viele Menschen, die nach einem Herz-Kreislauf-Stillstand noch einmal »zurückgeholt« – in medizinischer Sprache: »reanimiert« – werden konnten. Doch sind dies heute beträchtlich mehr Menschen als in früheren Zeiten. Verbunden mit solchen Erlebnissen sind gelegentlich sogenannte Nahtoderfahrungen. Menschen, die solche Erfahrungen gemacht haben, schildern, wie sie ihr Bewusstsein vom Körper losgelöst erlebten, wie sie eine neue geistige Präsenz erfuhren und wie sie durch einen dunklen Tunnel auf ein helles Licht zugingen. Erstaunlich ist, dass die Erfahrungen, die diese machten, übereinstimmend von unterschiedlichen Menschen beschrieben werden. Der evangelische Theologe Jörg Zink fasst in seinem Buch »*Auferstehung*« solche Erlebnisse zusammen: Die aus einer Nahtoderfahrung Zurückgekehrten »berichten übereinstimmend, sie hätten noch nie so klar, so wach und deutlich gesehen und gehört wie in diesem Zustand des Totseins. Sie seien sich ihrer Identität voll bewusst gewesen. Sie hätten ihren leblosen Körper von außen und von oben gesehen. Sie hätten keine Grenzen und keine Mauern mehr um sich gehabt. Sie hätten sich bewegen können mit einer Leichtigkeit und

Schwerelosigkeit wie nie in ihrem Leben. Sie seien einem großen Licht begegnet und hätten sich von einer großen Liebe umfangen gefühlt«.

Allerdings scheint es auch in diesem Bereich kulturelle Einflüsse zu geben. Interessanterweise sind Nahtoderfahrungen mit manchen Vorstellungen identisch, die in der Geschichte der Religionen über ein Weiterleben nach dem Tod anzutreffen sind. Auch nähren solche Erfahrungen die Hoffnung, dass das, was uns nach dem Tod erwartet, ein angenehmer, positiver Zustand ist, in dem wir alle Erdenschwere ablegen werden.

Nahtoderfahrungen als Phase des Sterbens

In den Medien werden Nahtoderfahrungen häufig so dargestellt, als ob sie eine Ahnung davon vermitteln könnten, wie ein Leben jenseits der Todesgrenze aussieht. Aus medizinischer Sicht sind solche Nahtoderfahrungen allerdings kein Blick in das »Land« jenseits des irdischen Lebens, sondern Erlebnisse in der Phase des Sterbens. Wenn ein Mensch solche Eindrücke empfängt, dann ist der Tod noch nicht eingetreten. Dieser Erkenntnis liegt weniger eine Erfahrung zugrunde als vielmehr eine Definitionsfrage. »Tod« wird als unumkehrbares Versagen des gesamten Organismus' definiert. Ein nach dieser Definition toter Mensch kann nicht wiederbelebt werden, denn eine mögliche Wiederbelebung wäre der Beleg dafür, dass ein Mensch noch nicht verstorben ist.

Zu einem guten Teil liegt es an den verbesserten Methoden der Reanimation, dass heute häufiger von Nahtoderfahrungen berichtet wird als früher. Doch auch auf anderen Gebieten der Medizin gibt es Fortschritte: So ist die bessere medizinische Versorgung – neben einer besseren Ernährung – mit dafür verantwortlich, dass Menschen in der westlichen Welt ein immer höheres Lebensalter erreichen. Die Wissenschaft arbeitet außerdem daran, die verschiedenen Faktoren für das Altern zu entdecken, um sie ausschalten zu können. Hoffnungen werden laut, dass sich vielleicht eine Art »ewiges Leben« auf medizinischem Weg erreichen lässt. Derzeit aber richten sich realistische Erwartungen nur darauf, dass das durchschnittliche Todesalter weiter herausgeschoben und die letzte Lebensphase bei guter Gesundheit verbracht werden kann.

Unsterblichkeit scheint sich also auf medizinisch-naturwissenschaftlichem Weg nicht erlangen zu lassen. Doch gibt es in unserer Kultur eine Reihe anderer Hoffnungen auf Unsterblichkeit.

Seelenwanderung oder Reinkarnation

Immer mehr Menschen, auch solche christlichen Glaubens, sind heute davon überzeugt, dass ihr irdisches Leben nach ihrem Tod nicht beendet ist, sondern dass sie in einem anderen Lebewesen oder Körper weiterexistieren werden. Solche Vorstellungen lassen sich unter dem Stichwort der Seelenwanderung oder Reinkarnation zusammenfassen.

Das europäische Denken kennt bereits seit Jahrhunderten die Vorstellung der Reinkarnation. Es gibt sie in vielen Spielarten. Die typischen Elemente lassen sich so umreißen: Der menschliche Geist beziehungsweise die Seele geht von einem menschlichen Körper auf den nächsten über. Manchmal erinnert er sich daher an Erlebnisse aus früheren Leben. Dabei lernt er und entwickelt sich.

Der Idee der Seelenwanderung zufolge geht eine Seele von einem Lebewesen nach dessen leiblichem Tod auf ein anderes Lebewesen über.

Wann und wie?

»Aber warum könnte jeder einzelne Mensch auch nicht mehr als einmal auf dieser Welt vorhanden gewesen sein? … Warum könnte auch ich nicht hier bereits einmal alle die Schritte zu meiner Vervollkommnung getan haben, welche bloß zeitliche Strafen und Belohnungen für den Menschen bringen können? … Warum sollte ich nicht so oft wiederkommen, als ich neue Kenntnisse, neue Fertigkeiten zu erlangen geschickt bin?« (Gotthold Ephraim Lessing)

Nach buddhistischer oder hinduistischer Anschauung, der diese Vorstellung ursprünglich entstammt, muss dies nicht unbedingt ein menschliches Lebewesen sein; es kann sich auch um ein Tier oder eine Pflanze handeln. Bei der Seelenwanderung geht es um die stetige Fortentwicklung einer Seele. Gelingt diese nicht, erfolgt sozusagen eine »Rückstufung« auf eine tierische oder pflanzliche Existenz; findet dagegen Entwicklung statt, wird am Ende der Wiedergeburten der Eintritt ins Nirwana erwartet. Damit ist keine Paradiesvorstellung verbunden, sondern das Ende des Kreislaufs der Existenzen.

*Als **Reinkarnation** bezeichnet man die vor allem in fernöstlichen Religionen beheimatete Vorstellung, dass der menschliche Geist bzw. die Seele nach dem Tod auf einen anderen Körper übergeht und in ihm weiterlebt. Als was man in seinem nächsten Leben wiedergeboren wird (Pflanze, Tier oder Mensch), hängt vom sogenannten **Karma** ab, das man in seinem augenblicklichen Leben gesammelt hat. Gutes bzw. schlechtes Karma sammelt man nicht nur durch gute und böse Taten, sondern auch durch das Anhaften am Irdischen. Das bedeutet: Je mehr ich am Materiellen, an Besitz und an meinem Leben hänge, desto schwieriger wird es, das eigentliche Ziel zu erreichen, nämlich ins **Nirwana**, das Alleine, das Nichts, einzugehen und nicht mehr wiedergeboren zu werden also aus dem Kreislauf des Lebens auszusteigen.*

Viele Menschen können diesen Vorstellungen von einer Wiedergeburt nach dem Tod heute etwas abgewinnen. Es scheint plausibler zu sein, an sie zu glauben als an die christliche Vorstellung vom ewigen Leben. Was macht es heute schwer, an das ewige Leben zu glauben?

2. Ewiges Leben – kaum zu glauben?

Was spricht gegen einen Glauben an das ewige Leben?

Die Zweifel an der Existenz eines ewigen Lebens sind so alt wie die Vorstellung selbst. Schon der Apostel Paulus hatte in der frühchristlichen Gemeinde in Korinth mit Menschen zu tun, die rundweg bestritten, dass es nach dem Tod eine Auferstehung geben würde: »Etliche unter euch behaupten: Eine Auferstehung der Toten gibt es nicht« (1. Korinther 15,12).

Und in der Tat sind ja die Auferstehung von den Toten und das ewige Leben unserer alltäglichen Erfahrung nicht zugänglich. Niemand von uns hat je Erfahrungen gemacht, die sich objektiv und zweifelsfrei als Erlebnisse der Auferstehung oder des ewigen Lebens bestimmen ließen. Was wir nach dem Tod anderer Menschen sehen und mit unseren Sinnen wahrnehmen können, ist das genaue Gegenteil der Auferstehung und des ewigen Leben, nämlich Leblosigkeit und fortschreitende Verwesung. Die Auferstehung des Leibes ist nicht erfahrbar. Der evangelische Theologe Michael Hüttenhoff führt in seinem Aufsatz »*Ewiges Leben*« aus, warum die Unsterblichkeit der Seele nicht denkerisch hergeleitet werden kann: »Unsere geistigen Funktionen sind an unseren Leib gebunden. Die Existenz einer vom Leib unabhängigen Seele wird durch unsere Erfahrungen nicht gestützt, und die Versuche, sie rational zu

»Der christliche Glaube stößt in keinem Punkt auf mehr Widerspruch als in Bezug auf die Auferstehung des Fleisches.« (Augustinus)

beweisen, überzeugen nicht. Diese Situation scheint der Hoffnung auf die Auferstehung des Leibes gegenüber dem Glauben an die Unsterblichkeit der Seele einen Vorteil zu verschaffen. Aber da der irdische Leib verwest, kann es eine materielle Kontinuität zwischen dem irdischen und dem Auferstehungsleib nicht geben.«

Für unser naturwissenschaftlich geschultes Denken gilt: Was sich nicht zweifelsfrei und objektiv nachweisen lässt, was den Sinnen oder bestimmten Messinstrumenten nicht zugänglich ist, dessen Existenz ist fraglich. In diesem Sinn stellt die neuzeitliche Logik mit ihrer naturwissenschaftlichen Dominanz ein echtes Hindernis für jede Art von Glauben an die Auferstehung und das ewige Leben dar.

Doch die naturwissenschaftliche Denkweise hat die menschliche Wahrnehmung und Weltdeutung nicht schon immer so geprägt: Sie ist ein Kind der Aufklärung und bestimmt das westliche Denken und Fühlen erst seit etwa dreihundert Jahren. Ist deshalb alles, was den naturwissenschaftlichen Kriterien nicht genügt, von vorneherein unwahr oder nicht vorhanden?

Biblisch betrachtet: Zukunft ist offen für das, was »kein Auge gesehen hat«

Die Bibel ist lange vor der Moderne entstanden. Sie hat einen anderen Blick auf das, was Menschen erfahren und erleben. Der Apostel Paulus bringt dies auf den Punkt: »Wir verkünden wie geschrieben steht: Was kein Auge gesehen und kein Ohr gehört hat und was in keines Menschen Herz gedrungen ist: Alles, was Gott denen bereitet hat, die ihn lieben« (1. Korinther 2,9).

Hinter 1. Korinther 2,9 steht eine andere Denkweise als die uns bekannte und gewohnte. Nun gilt: Nur weil etwas bisher nicht erfahrbar gewesen ist, heißt das nicht, dass es nicht in Zukunft oder durch Gottes Initiative geschehen könnte. Diese Logik rechnet mit äußeren Eingriffen in die Abläufe auf der Erde. Ihre Welt ist keine, die physikalischen Gesetzen unterworfen wäre. Diese Logik geht grundsätzlich davon aus, dass es Erweiterungen des menschlichen Erkennens und Erlebens geben kann. Zudem hofft sie darauf, dass es diese Erweiterungen einst auch geben wird.

Kann sich das neuzeitliche Denken von dieser biblischen Logik überzeugen lassen? Können Einwände aus der Bibel gegen die Zweifel an der Existenz eines ewigen Lebens ins Feld geführt werden? Das scheint kaum möglich. Erschwerend kommt hinzu, dass diese Zweifel dadurch zusätzliche Nahrung bekommen, dass bestimmte Vorstellungen des ewigen Lebens jahrhundertelang von der Kirche im Rahmen einer »schwarzen Pädagogik« eingesetzt wurden: Aus dem Mittelalter sind uns viele bildliche und textliche Zeugnisse überliefert, in denen Schreckensszenarien des Höllenfeuers und der ewigen Strafen ausgemalt werden. Lange Zeit war der christliche Glaube an das ewige Leben mit Angst verknüpft; die kirchliche Lehre verband ihn eng mit seiner dunklen Kehrseite, der Hölle, die allen drohte, die sich der Kirche nicht unterordneten. Heute allerdings gibt es innerhalb der christlichen Theologie zahlreiche Stimmen, die diese alten Bilder und ihre pädagogische Ausbeutung kritisch sehen. Stattdessen sollten zum einen die biblischen Vorstellungen vom ewigen Leben in den Zusammenhang ihrer Entstehungszeit gestellt und in diesem Ursprungskontext ausgelegt werden (siehe Kapitel 3). Aus den biblischen Texten sind dann zum anderen Bilder und Gedanken abzuleiten, die der Erfahrungswelt und der Mündigkeit heutiger Menschen stärker Rechnung tragen (siehe Kapitel 4 bis 6).

In der neuzeitlichen Religionskritik ist die Vorstellung vom ewigen Leben noch auf andere Weise unter Verdacht gestellt worden: »Opium fürs Volk« sei die Religion, so die Ansicht des Philosophen Karl Marx. Zur gleichen Zeit bestreitet Ludwig Feuerbach ebenfalls aus philosophischer Sicht, dass es überhaupt ein Jenseits gibt. Dieser Denkrichtung erscheint die Hoffnung auf ein paradiesisches Jenseits als etwas, das die Menschen davon abhält, sich im Hier und Jetzt für ein besseres Leben einzusetzen. Die Aussicht auf ein ewiges Leben nach dem Tod diene gezielt dazu, Menschen passiv zu halten und ihre teilweise elenden Lebensbedingungen still zu erdulden. So der Vorwurf. Auch ohne einen bestimmten philosophischen oder weltanschaulichen Hintergrund kann an diesem Verdacht Wahres entdeckt werden: Eine bestimmte Weise des Glaubens an das ewige Leben kann in der Tat dazu eingesetzt werden – und wurde es lange Zeit –, notwendige gesellschaftliche Veränderungen zu verhindern.

Trotz dieser denkerischen Vorbehalte sind manche biblischen Vorstellungen vom ewigen Leben bis in unsere Zeit Teil unserer Kultur. Sie werden nämlich außerhalb von Religion und Glaube in säkularen Zusammenhängen aufgegriffen und verwendet. Die biblisch-apokalyptischen Szenarien des Weltuntergangs (siehe Kapitel 3) werden auf heutige Entwicklungen bezogen, deren katastrophales Wesen dadurch stärker zur Geltung kommt. So sind beispielsweise verschiedene Umweltkatastrophen seit den 1970er-Jahren in den Medien »apokalyptisch« aufgeladen worden. Auch in der Phase der atomaren Hochrüstung wurde Weltuntergangsstimmung geschürt. Gleiches geschieht zurzeit mit dem Klimawandel und seinen für uns Heutige unabsehbaren Folgen. Allerdings lag und liegt das Ziel der Verwendung dieser Bilder dabei nicht darin, dass Menschen sich ergeben ins Unvermeidliche fügen. Hier wird gerade die umgekehrte Absicht verfolgt: Die ausgemalten Schrecken sollen vor Augen führen, dass konsequentes rasches Handeln zwingend notwendig ist.

Was spricht für den Glauben an das ewige Leben?

Angesichts der Einwände gegen die Existenz eines ewigen Lebens oder gegen die Sinnhaftigkeit einer solchen Vorstellung und angesichts der populären »Umnutzung« apokalyptischer Bilder drängt sich die Frage auf, warum wir uns trotzdem mit dem Glauben an das ewige Leben befassen sollten. Ist es heute überhaupt sinnvoll, an ein ewiges Leben zu glauben? Lenkt uns diese Hoffnung nicht zu sehr ab von den Problemen unserer Welt, die unseren Einsatz fordern?

Wenn wir so fragen, dann folgen wir kritiklos der These, dass der Glaube an das ewige Leben unvermeidlich in der Vertröstung auf ein besseres Jenseits mündet. Dieser Einschätzung lässt sich allerdings widersprechen: Zum einen votieren viele Stimmen in Bibel und Theologie dafür, das ewige Leben nicht nur als einen Zustand nach dem Tod anzusehen, sondern als eine besondere Seinsweise, die ihre Spuren im jetzigen Leben hinterlässt (siehe Kapitel 7). Damit wäre die Beschränkung des ewigen Leben auf einen Zeitabschnitt nach dem Tod aufgehoben: Das ewige Leben ist nicht notwendig eine »jenseitige« Vorstellung, sondern reicht auch ins »Diesseits« hinein. Zum Zweiten berichten viele Menschen davon, wie ihnen der Glaube an das ewige Leben neue Handlungsperspektiven eröffnet: Der Glaube daran, bei Gott auch über unsere Todesgrenze hinaus aufgehoben zu sein, verleiht ihnen ein Maß an Kraft und Gelassenheit, das sie in einem Horizont nicht erfahren hätten, der sich mit dem irdischen Dasein erschöpft. Die Hoffnung auf ein Leben nach dem Tod führt also nicht zwangsläufig dazu, das Leben hier und jetzt aufzugeben oder gering zu schätzen.

Geheimnis, nicht Wissen

Bei diesen Argumenten ist allerdings eine Einschränkung angebracht: Unsere Haltung gegenüber dem ewigen Leben kann nicht von der Art sein, dass wir von ihm *wissen*. Der Pfarrer und Autor Jörg Zink schreibt dazu: »Durch mein langes Leben hin blieb immer wieder einmal jemand vor mir stehen: ›Sagen Sie! Ehrlich! Ist das alles? Kommt nichts mehr?‹ Oder es fragte jemand: ›Wissen Sie etwas? Oder glauben Sie es nur? Oder sagen Sie es nur, weil es die Kirche lehrt?‹ Ich konnte und kann nur antworten: Nein. Ich weiß nichts. So genau, wie ich Sie sehe und höre, weiß ich nichts. So nah, wie Sie vor mir stehen, sind mir die Geheimnisse zwischen Himmel und Erde nicht. Sie haben Recht: Ich glaube. Und ich hoffe dringend, dass mein Glaube sich am Ende nicht als Selbsttäuschung erweist.« Unsere Haltung gegenüber dem ewigen Leben kann nur die des Glaubens sein. Das heißt: Wir dürfen auf eine Hoffnung vertrauen, von der uns in der Bibel berichtet wird (siehe Kapitel 3). Dort ist diese Hoffnung an Gottes Taten in der Vergangenheit geknüpft. Der Grund zu dieser Hoffnung liegt, knapp gesagt, darin, dass Gott uns zusagt, uns auch über den Tod hinaus nah sein zu wollen. Diese Erfahrung hat das Volk Israel gemacht, und diese Erfahrung wird von Jesus von Nazaret überliefert.

In der Geschichte der Kirche ist die Vorstellung vom ewigen Leben mannigfach variiert worden; immer wieder sind neue Versuche unternommen worden, sie mithilfe des Verstandes einzufangen oder mithilfe der Fantasie auszuschmücken und möglichst konkret zu machen. In historischer Betrachtung zeigt sich das, was über das ewige Leben im Lauf der Zeit gesagt und geschrieben wurde, vorzugsweise als Spiegel der jeweiligen Abfassungszeit.

Es lag immer eine große Verlockung darin, diesen Zeit-Raum jenseits des uns Bekannten als Projektionswand für die Erfüllung der jeweils sehnlichsten Wünsche des Erdenlebens zu nutzen. Doch hierbei sollten wir uns zurückhalten: Letzte Sicherheit gibt es an dieser Stelle nicht, dafür umso mehr zu Hoffendes. Gut bringt dies die Schlussformulierung des nizänischen Glaubensbekenntnisses zum Ausdruck: »Wir *erwarten* die Auferstehung der Toten und das Leben der kommenden Welt.«

Doch die Hoffnung auf ein Leben nach dem Tod ist nicht allein im Christentum zu finden. In der Geschichte der Menschheit hat es immer wieder Vorstellungen gegeben, die der des ewigen Lebens ähneln. Ist dies nur der Beleg für eine universelle Sehnsucht? Oder lässt sich darin auch eine Wahrheit entdecken; eine tiefere Erkenntnis davon, dass es so etwas tatsächlich gibt? Natürlich ist dies kein »Argument« für die Existenz eines ewigen Lebens. Doch es ist ein Denkanstoß. Menschen zu allen Zeiten und in aller Welt verbindet die Suche nach einem Leben, das über das Sichtbare und Erfahrbare hinausgeht.

Zum Weiterlesen:
Bernhard Lang, Colleen McDannell: Der Himmel. Eine Kulturgeschichte des ewigen Lebens, Frankfurt am Main, 2. Auflage 1990

Die Suche nach Unsterblichkeit ist auch das Thema am Ende des babylonischen Gilgamesch-Epos. Die Wurzeln dieses altorientalischen Textes reichen ins zweite Jahrtausend vor unserer Zeitrechnung zurück. Gilgamesch ist der Legende nach König von Uruk (im heutigen Südirak). In der langen und abenteuerlichen Reise des Gilgamesch sind viele grundlegende Erfahrungen der Menschheit verarbeitet. Nach dem Tod seines engen Freundes Enkidu macht sich Gilgamesch auf die Suche nach dem ewigen Leben. In die tiefe Trauer um den Freund mischt sich die Angst: »Da überkam mich die Furcht, dass auch ich sterben könnte. Ich begann, den Tod zu fürchten, und so laufe ich in der Steppe umher« (Gilgamesch-Epos, Tafel X, Zeilen 61f.). Gilgamesch macht sich auf die Suche nach dem Sintfluthelden Utnapischtim, der das Mittel zur Unsterblichkeit besitzen soll. Doch dem wurde, wie sich zeigt, die Unsterblichkeit von den Göttern nur in einer Ausnahmesituation verliehen. Zwei Möglichkeiten der Überwindung des Todes beziehungsweise der Verjüngung bieten sich Gilgamesch, doch beide kann er nicht nutzen: Seinen Schlaf kann Gilgamesch nicht besiegen, was ihn um die Möglichkeit der Überwindung des Todes bringt. Das Kraut des Lebens erlangt er zwar, doch wird es ihm gestohlen. So bleibt dem Helden am Ende nur die Einsicht, dass der Mensch sterblich ist – und die Erkenntnis, dass er sich das Ansehen der Nachwelt durch Kulturleistungen wie eine gerechte Herrschaft erwerben kann.

In dieser Denklinie ließen sich weitere Beispiele dafür anführen, dass Menschen seit jeher danach fragen, ob nicht ihr Dasein in einem weiteren Horizont steht als in dem des irdischen Lebens. Nicht nur die Frage nach dem fremden oder eigenen Tod ist ein wichtiger Motor dafür, sondern auch die Wahrnehmung von Leid und Ungerechtigkeit.

Gerade in dieser Fragerichtung ist die christliche Vorstellung vom ewigen Leben mit anderen Denkbewegungen verbunden. Der Gedanke an ein Leben, das unser eigenes überschreitet, ist auch heute nicht auf die Religion im Allgemeinen oder das Christentum im Besonderen beschränkt. Im Jahr 1959 hat der Philosoph Ernst Bloch den Begriff der Hoffnung in seinem Werk »*Das Prinzip Hoffnung*« in die philosophische Diskussion eingebracht. Hoffnung wird bei Bloch unter anderem in der »konkreten Utopie« gedacht: Menschen sind mit einem »Überschuss« ausgestattet, der über das Vorfindliche und Sichtbare hinausgeht. Bloch denkt dies allerdings in einer Welt ohne Gott. In der christlichen Theologie sind die Gedanken Blochs auf fruchtbaren Boden gefallen. Der evangelische Theologe Jürgen Moltmann hat in seiner Theologie der Hoffnung Blochs Hoffnungsbegriff aufgenommen und weitergeführt, doch dessen Welt ohne Gott aus christlicher Sicht widersprochen. Bei Moltmann wird Hoffnung zu einem Begriff, der mit gesellschaftlicher Veränderung verknüpft ist. Gott wird hier als die verändernde Macht der Geschichte vorgestellt. Darum ist es auch Gott, der Menschen auf den Weg bringt, weil sie sich nicht mit dem Leiden der Armen, Entrechteten und Unterdrückten abfinden wollen und zudem keine Vertröstung auf eine jenseitige Welt zulassen. Es muss Ausschau nach einer anderen Welt gehalten werden, und Gott ist die treibende Kraft dabei; oder besser: Gott ist die Kraft, die uns zu sich hinzieht und dadurch Veränderung ermöglicht.

Diese Ideen knüpfen auch an biblische Vorstellungen an, in denen Gott als Macht der Veränderung erfahren wird (zum Beispiel in Jesaja 65,17 oder Offenbarung 21,1 und 4; siehe Kapitel 6). In ganz ähnlicher Weise wird eine solche Verbindung auch in der berühmten Rede »I have a dream ...« von Martin Luther King hergestellt.

»Ich habe einen Traum, dass sich eines Tages diese Nation erheben wird und die wahre Bedeutung ihres Glaubensbekenntnisses ausleben wird: ›Wir halten diese Wahrheit für selbstverständlich: Alle Menschen sind als gleich erschaffen.‹« (Martin Luther King)

Diese Hoffnung auf Gerechtigkeit und Gleichheit reicht über das Leben einzelner Menschen hinaus, und sie überschreitet den Horizont der Menschheit. Mithilfe der Begriffe »Hoffnung« und »Befreiung« votieren christliche Theologien unserer Zeit für den Einsatz in der Welt. Christen und Christinnen knüpfen in der Hoffnung auf ein Leben jenseits der eigenen Lebensgrenzen an Bewegungen an, denen es um breitere gesellschaftliche Anliegen geht. In der Formulierung des Konziliaren Prozesses, der 1983 auf der VI. Vollversammlung des Ökumenischen Rates der Kirchen proklamiert wurde, sollen sich die Kirchen für den Frieden und die Bewahrung der Schöpfung sowie für weltweite Gerechtigkeit einsetzen.

So gibt es in unserer Zeit gewichtige Stimmen, die aus dem christlichen Glauben gerade keine Haltung der passiven Jenseitserwartung ableiten, sondern zu vielfältigem Engagement aufrufen. Den Ausgangspunkt all dieser Bemühungen bilden Texte der Bibel. Wie hat sich die biblische Vorstellung eines ewigen Lebens entwickelt, was hat sie motiviert, und wie können wir sie heute verstehen?

3. Was sagt die Bibel zum ewigen Leben?

Ewiges Leben im Alten Testament: Gerechtigkeit und Gemeinschaft über den Tod hinaus

Wer in der Bibel nach Texten zum ewigen Leben sucht, wird vielleicht enttäuscht sein. Vom ewigen Leben ist dort nicht häufig die Rede, und auch die Auferstehung rückt erst spät ins Bild. Im Blickpunkt des Interesses stehen andere Fragen. Im Alten Testament spielt vor allem Gottes Beziehung zu seinem Volk eine große Rolle. Wie sind die von Gott gegebenen Gebote zu verstehen, die so schwer zu halten sind und doch eine Gabe des Lebens sein sollen? Wie lassen sich die nationalen Krisen deuten, die Israel immer wieder treffen? Wie ist überhaupt die Welt mit ihren Ordnungen entstanden? Wie lässt sich Gott erkennen, und wie kann man mit ihm in Kontakt treten?

Auch wenn die Frage nach einem Leben jenseits des Todes nicht im Mittelpunkt des Interesses steht, so bricht sie sich doch immer wieder Bahn. Und zwar – ganz ähnlich wie bei uns heute – vor allem dann, wenn es darum geht, was angesichts des Todes von einem Menschen bleibt. Die altorientalische Kultur, innerhalb der Israel seine Vorstellungen formuliert, gibt dabei einige Denklinien vor.

Im Alten Orient steht die Existenz einer Unter- oder Jenseitswelt (hebräisch: *Scheol*) außer Frage. In sie tritt man nach dem Tod ein. Sie ist bewohnt: In ihr sind die Ahnen beheimatet, zu denen man sich im Tod versammelt. In der *Scheol* führen die Menschen eine Art Schattendasein. Sehr detailliert ausgemalt wird diese Vorstellung in der Bibel jedoch nicht. Im Fall einflussreicher Personen gibt es – selten – die Möglichkeit, über die sogenannten Totenbeschwörer(innen) mit der Welt der Toten Kontakt aufzunehmen (nachzulesen zum Beispiel in 1 Samuel 28,3–25) und sie vielleicht sogar zu einem Eingreifen in die Welt der Lebenden zu bewegen. Doch insgesamt bleibt diese Unterwelt ein in doppelter Hinsicht dunkler Ort: Zum einen ist nicht viel darüber überliefert, und zum anderen hat das uns vor Augen gestellte Bild der Unterwelt so gar nichts mit dem Paradies gemeinsam, das in späterer Zeit als ein Ort angesehen wird, den man nach dem Tod betritt (nachzulesen zum Beispiel in Lukas 23,43). Die Unterwelt ist ein negativ gedachter Ort, der sich vor allem durch die Abwesenheit dessen auszeichnet, was das Leben ausmacht: Licht, Wärme und eine gute Gemeinschaft mit anderen Menschen – und mit Gott. So ist auch Gott nicht in der *Scheol*, und die dort »leben«, preisen ihn nicht (siehe Psalm 6,6).

Auferstehung als Symbol für Gottes Zusagen an sein Volk

Bei dieser Vorstellung ist es nicht geblieben. Israels Oberschicht macht die sehr einschneidende Erfahrung, das eigene Land verlassen und ins babylonische Exil gehen zu müssen. In dieser Zeit, also im sechsten Jahrhundert vor Christus, sind einige der wirkmächtigsten biblischen Texte entstanden, die im Christentum auch auf die Auferstehung hin gedeutet werden. An vorderster Stelle ist dies die Vision von der Auferweckung der Totengebeine in Ezechiel 37. Der Prophet sieht sich vom

»Er vernichtet den Tod auf immer, Gott, der Herr, wischt ab die Tränen von jedem Angesicht und nimmt seines Volkes Schmach hinweg von der ganzen Erde.« (Jesaja 25,8)

Geist Gottes entrückt; er steht mitten in einer Ebene und sieht die Skelette vieler Toter. In der Vision wird durch das Wirken des göttlichen Geistes sozusagen der Verwesungsvorgang Schritt für Schritt rückgängig gemacht:

»Es entstand ein Rauschen, die Gebeine rückten zusammen, eines an das andere. Als ich hinsah, kamen Sehnen und Fleisch über sie und Haut zog sich darüber, aber Lebensatem war noch nicht in ihnen. Da sprach er [Gott] zu mir: Weissage über den Lebensatem, weissage, Menschensohn, und rede zum Lebensatem: So spricht Gott, der Herr: Von den vier Winden komm, Lebensatem, und hauch diese Erschlagenen an, dass sie lebendig werden! Da weissagte ich, wie er mir geboten hatte, und der Lebensatem kam in sie; sie wurden lebendig und stellten sich auf ihre Füße, ein gewaltig großes Heer. Er sprach zu mir: Menschensohn, diese Gebeine sind das ganze Haus Israel. Sie sagen: Verdorrt sind unsere Gebeine, dahin ist unsere Hoffnung, es ist aus mit uns! Darum weissage und rede zu ihnen: So spricht Gott, der Herr: Ich öffne euere Gräber und hole euch heraus aus eueren Gräbern als mein Volk; ich bringe euch in das Land Israel. Dann werdet ihr erkennen, dass ich der Herr bin, wenn ich euere Gräber öffne und euch aus eueren Gräbern heraushole als mein Volk. Ich lege meinen Lebensatem in euch hinein, dass ihr lebendig werdet, und bringe euch in euer Land« (Ezechiel 37,7 b–14 a).

Der Text deutet sich selbst. Diese Deutung widerspricht der gängigen christlichen Auslegung: Hier geht es nicht darum, dass einzelnen Menschen die Auferstehung verheißen wird. Stattdessen ist die Auferweckung der Totengebeine ein Sinnbild, eine symbolische Darstellung dessen, dass das Exil nicht das Ende für das Volk Israel bedeutet, sondern dass ihm eine Hoffnung auf eine kommende Zeit geschenkt wird, in der es weiterleben darf – im eigenen Land, neu belebt vom göttlichen Geist. Ähnliche Hoffnungen auf einen neuen Bundesschluss

»Doch deine Toten leben wieder auf, und ihre Leichen werden wieder
auferstehen. Erwacht und jubelt, die ihr im Staub ruht!«
(Jesaja 26,19)

zwischen Gott und seinem Volk oder auf eine Neugeburt des
Volkes Israel nach dem Exil werden auch in anderen biblischen
Texten zum Ausdruck gebracht, zum Beispiel in Jesaja 25,6–8
und 26,17–21.

Und tatsächlich kommt es zu dieser Rückkehr aus dem Exil.
Doch die Zustände im Land Israel nach dem Exil sind nicht
paradiesisch. Vorher war Israel immer wieder der Bedrohung
durch die Großmächte in der Umgebung ausgesetzt. Nun steht
der übrig gebliebene südliche Teil des Landes – Juda, mit der
Hauptstadt Jerusalem – unter persischer Oberhoheit. Die alten
Eliten besitzen keine Macht mehr; neue nehmen ihren Platz
ein. Gesellschaftliche Umwälzungen verändern das Land. Ein
Lebenswandel, der sich an den Geboten orientiert, bietet keine
Garantie mehr für ein gewisses Maß an gesellschaftlicher Aner-
kennung. Vormals Reiche verarmen, und zuvor Arme kommen
zu Reichtum, manchmal auch nicht nur mit lauteren Mitteln.
So treten nun die gesellschaftlichen Strukturen stärker in den
Vordergrund, die das Schicksal einzelner Menschen bestim-
men und die oft als ungerecht erlebt werden.

In zwei alttestamentlichen Psalmen wird von einem ewigen Leben gesprochen – bezeichnenderweise sind dies solche
Texte, in denen die Autoren oder Autorinnen mit dem Wohlergehen ungerechter oder sogar ruchloser Menschen hadern.
Diese Menschen werden in den deutschen Bibelübersetzungen
»Gottlose« oder »Frevler« genannt. Das entspricht der Bewertung, die sie in vielen biblischen Texten erfahren: Sie schüch-
tern die betende Person ein, bedrohen sie, fügen ihr Unrecht
und Leid zu und handeln in allem gegen die göttlichen Gebote.

In vielen Psalmen werden solche Leidenserfahrungen vor Gott gebracht. Dort werden sie mit der Bitte verknüpft, Gott möge das Unrecht sühnen, die Frevler strafen und der betenden, sich keiner Schuld bewussten Person Gerechtigkeit widerfahren lassen. In Psalm 49,16 heißt es: »Gott aber entreißt meine Seele der Unterwelt.« Es scheint hier also einen anderen Ort zu geben, in dem die Seele – eigentlich: die Lebenskraft – leben kann. Psalm 73,25-28 konkretisiert dies als den »Himmel«: »Was hätte ich im Himmel als dich? Und bin ich bei dir, was hätte ich Freude auf Erden? Mein Geist und mein Leib, sie verzehren sich, Gott ist mein Fels, mein Anteil auf ewig. Siehe, es gehen zugrunde, die sich scheiden von dir; die dich treulos verlassen, du vernichtest sie alle. Mir aber ist es Wonne, bei Gott zu sein. Meine Zuflucht zu finden bei Gott, meinem Herrn. Und künden will ich all deine Werke.« Die betende Person sehnt sich hier nach Schutz vor bösen Menschen, nach Gerechtigkeit, nach Gottesnähe; es geht ihr hier anders als denjenigen, die sich von Gott losgesagt haben. Gott, so hofft diese Person, wird immer in ihrer Nähe sein, und sie wird sich in seiner heilvollen Sphäre aufhalten dürfen – auf ewig.

Ist hier wirklich vom ewigen Leben die Rede? Geht es nicht stärker darum, im gesamten Leben nicht von Gott geschieden zu sein, in Gottes Nähe Wohlergehen zu erfahren, dort Sicherheit und Zuflucht zu finden? An manchen Stellen trügt uns unser Verständnis des Wortes »ewig«, wenn wir seine heutige Bedeutung ungebrochen auf biblische Texte übertragen (dazu später in diesem Kapitel).

Zwei Erfahrungs- und Hoffnungsstränge bilden die Grundlage für die Erwartung einer Auferstehung aus dem Tod: dass es neues Leben für das Volk Israel nach dem Exil gibt und dass die Ungerechtigkeit im Leben nicht das letzte Wort haben soll, sondern dem Aufgehobensein in Gottes Nähe weichen möge. Dazu tritt das sogenannte apokalyptische Gedankengut: ein Bündel von Vorstellungen, die nur zum Teil auf israelitischem Boden gewachsen sind.

»Apokalyptisch« (ein Wort aus dem Griechischen, bedeutet übersetzt: aufdeckend, offenbar werdend) wird eine Weltsicht genannt, die erst relativ spät im Alten Testament entwickelt wird. Sie greift aber auf manche älteren prophetischen Vorstellungen zurück und ordnet deren Gedanken in einer bestimmten Abfolge an. Der Kern apokalyptischen Denkens liegt darin, dass die Offenbarung Gottes in der Zukunft erwartet wird. Doch bevor das geschieht, wird die Welt durch eine furchtbare Endzeit erschüttert. Nach der Auferstehung aller Toten wird Gott über alle Welt Gericht halten; Recht und Unrecht werden aufgedeckt. Je nach dem Urteil, das sie empfangen, gelangen die Menschen in eine Sphäre des Paradieses oder der Hölle.

Das apokalyptische Gedankengut hat nicht nur im Alten Testament, sondern auch in zahlreichen Texten Spuren hinterlassen, die nicht in den biblischen Kanon eingegangen sind (zum Beispiel im 4. Esrabuch oder im Henochbuch). Doch auch manche Texte des Neuen Testaments sind stark von ihm geprägt. In erster Linie sind dies die sogenannten Endzeitreden in den Evangelien (Markus 13; Matthäus 24 f.; Lukas 21,5–36), vor allem aber die Offenbarung des Johannes, die als Ganzes auch »Apokalypse« genannt wird. Von den biblischen Texten aus hat das apokalyptische Gedankengut Eingang in den christlichen Glauben gefunden.

Im spätalttestamentlichen Buch Daniel ist eine bereits entwickelte Form der Endzeitvorstellung zu finden: »Viele von denen, die im Staub der Erde schlafen, werden aufwachen, die einen zu ewigem Leben, die anderen zur Schmach, zu ewiger Schande. Da werden die Einsichtigen leuchten wie der Glanz des Himmels, und jene, die viele zur Gerechtigkeit geführt haben, wie die Sterne in alle Ewigkeit« (Daniel 12,2–3). Wichtig für ein Bestehen vor diesem Gericht ist die Ausrichtung des eigenen Lebens an der Gerechtigkeit – ein weiterer Hinweis darauf, dass im Hintergrund der Texte über ein ewiges Leben die Erfahrung eklatanter Ungerechtigkeit steht. Im zweiten Jahrhundert, in spätalttestamentlicher Zeit, eskaliert der Konflikt zwischen verschiedenen judäischen Gruppierungen.

Die herrschende Elite öffnet sich gegenüber der mächtigen Strömung des Hellenismus, die im gesamten Mittelmeerraum verbreitet ist. Deren Weltsicht ist stark von griechischem Gedankengut und griechischer Philosophie geprägt, sie ist international ausgerichtet und mit hohem Interesse an – griechisch geprägter – Bildung. Diese Öffnung bringt

Mit **Hellenismus** (griechisch, bedeutet übersetzt: Griechentum) bezeichnet man zunächst eine Epoche zwischen dem 4. Jahrhundert v. Chr. und dem 7. Jahrhundert n. Chr., in der sich die griechische Sprache und Kultur über den Vorderen Orient ausbreitete. Es meint aber auch eine Strömung im Judentum, die im griechischen Denken und griechischer Philosophie wurzelte und in der man versuchte, ohne Verfälschung der Glaubensaussagen die (zunächst alttestamentlichen) biblischen Aussagen in griechische Begrifflichkeit zu übersetzen. In der Folge veränderte dies die Glaubenspraxis und das Verständnis einiger Schlüsselbegriffe im Judentum. Diese Veränderung wurde besonders deutlich in Bezug auf das Neue Testament.

für die judäische Elite einen Machtgewinn mit sich, verlangt von ihnen aber auch erhebliche Zugeständnisse. Der Neutestamentler Martin Ebner schildert in seinem Artikel »*Die Auferweckung Jesu – oder: Woran glauben Christen?*« die Situation detaillierter: Ein Teil der Oberschicht Jerusalems, darunter auch Tempelpriester, wollen sich stärker an die hellenistische Welt anpassen. Sie verhandeln mit König Antiochus IV., der die Hellenisierung forcieren möchte. Über hohe Geldgeschenke erreichten sie eine Reihe von Privilegien. »Dafür waren sie bereit, auf all das zu verzichten, was einen Juden nach außen kenntlich machte: auf die Einhaltung des Sabbats und der jüdischen Feste; sogar die Beschneidung ließen sie rückgängig machen (vgl. 1 Makkabäer 1,11–15). Dafür errichteten sie in Jerusalem eine hellenistische Bildungsstätte, ein Gymnasium, dessen Sportwettkämpfe für die Priester bald interessanter wurden als die Opfer am Tempel (vergleiche 2 Makkabäer 4,10–15). Als es jedoch unter den Reformergruppen zu Parteistreitigkeiten kam, griff Antiochus IV. von außen militärisch ein, sorgte für Ruhe und Ordnung – und verordnete für ganz Judäa, was ursprünglich nur eine Elite als Zeichen der Privilegierung praktizieren wollte: Verzicht auf Sabbat, Beschneidung usw. Wer sich weigerte, wurde umgebracht … Damit war eine absolute Schmerzgrenze erreicht. Doppelter Widerstand regte sich: militärischer Widerstand von Seiten der Makkabäer … und geistiger Widerstand von Seiten der Apokalyptiker.«

Im apokalyptischen Denken werden alle Umwälzungen auf Gott selbst zurückgeführt – Menschen greifen nicht zur Gewalt. Anders ist dies bei den Makkabäern, einer Priesterfamilie, die im zweiten Jahrhundert vor Christus militant gegen König Antiochus IV. und seine Politik ankämpft. Diese Kämpfe werden in den beiden Makkabäerbüchern nacherzählt; an Schilderungen von Grausamkeiten mangelt es dabei nicht.

Dies also ist der historische Zusammenhang, in dem die prägnantesten spätalttestamentlichen Belege des Auferstehungsgedankens entstanden sind. Das zweite Makkabäerbuch legt makkabäischen Kämpfern, die vor ihrer Hinrichtung durch den König stehen, den Auferstehungsglauben bezeugende Worte in den Mund. Sieben Söhne sind es, die nacheinander vor den Augen ihrer Mutter gefoltert werden und schließlich den Märtyrertod erleiden. Der zweite Sohn ruft seinem Peiniger zu: »Du Verbrecher! Du kannst uns das irdische Leben rauben. Aber der König des Weltalls wird uns zu einem ewigen Leben auferwecken, da wir für seine Gesetze sterben« (2. Makkabäer 7,9). Der Vierte sagt: »Trostreich ist es für uns, durch Menschenhand zu sterben, wenn wir die von Gott gegebene Hoffnung hegen dürfen, von ihm auferweckt zu werden. Für dich freilich gibt es keine Auferstehung zum Leben« (2. Makkabäer 7,14).

Was verbirgt sich hinter diesem Auferstehungsgedanken? Die Hoffnung ist auf ein Leben nach dem Tod gerichtet – jedoch anders, als wir es heute verstehen. In den Texten des zweiten Makkabäerbuches geht es nicht um ein Weiterleben nach dem Tod an einem anderen Ort oder nach einer Auferweckung. Stattdessen ist an eine Fortsetzung des zu früh und unrechtmäßigerweise beendeten Lebens gedacht, die durch ein wunderhaftes Eingreifen Gottes ermöglicht wird. Getragen wird diese Auferstehungshoffnung von der Überzeugung, dass Gott es nicht zulassen wird, dass jemand sich mit seinem Leben für den Glauben und die Gebote einsetzt und dafür umgebracht wird. Wenn Gott zu seiner Sache steht, wenn Gott also in der Welt für Gerechtigkeit sorgt, dann kann ein solches Leben nicht so früh ausgelöscht werden. Ein derart gewaltsam und viel zu früh beendetes Leben eines Gerechten muss eine Fortsetzung finden, um zu einem »Leben in Fülle« zu werden – einem, das nach einem langen und erfüllten Leben

dann schließlich zur rechten Zeit in den Tod mündet (vergleiche dazu Genesis 25,8; Hiob 5,26). Nicht gegen den Tod an
sich wird hier angegangen, sondern gegen den unzeitigen, zu
frühen, gewaltsamen Tod von Gerechten. Damit das Schicksal
dieser gerechten Menschen sich auf die »rechte« Weise vollendet, wird mit einem göttlichen Eingreifen gerechnet, das
für Gerechtigkeit sorgt und die Unrechtstäter nicht ungestraft
davonkommen lässt.

Die Weisheit Salomos und Kohelet: Neue Synthesen

Neben aller Opposition gegen den Hellenismus bei Daniel
und in den Makkabäerbüchern finden sich in den spätalttestamentlichen Schriften auch solche, die griechisches Gedankengut aufnehmen und nach einer Synthese zwischen diesem
und älteren israelitischen Vorstellungen suchen. Das Buch der
Weisheit Salomos, das vielleicht erst in nachchristlicher Zeit
verfasst wurde, integriert den Unsterblichkeitsglauben griechischen Ursprungs in sein Denken (Weisheit 3,1–9):
»Die Seelen der Gerechten aber sind in Gottes Hand, und
keine Qual kann sie berühren. In den Augen der Toren schie-
nen sie tot zu sein; ihr Ende wurde als Unglück angesehen
und ihr Weggehen von uns als Vernichtung; sie aber sind im
Frieden.

Denn wenn sie auch nach der Ansicht der Menschen gestraft
wurden, so war doch ihre Hoffnung von Unsterblichkeit erfüllt.
Nach nur geringer Züchtigung empfangen sie große Wohlta-
ten; denn Gott hat sie geprüft und sie seiner würdig befunden.
Wie Gold im Schmelzofen hat er sie erprobt und wie ein voll-
kommenes Brandopfer angenommen.

Zur Zeit ihrer Heimsuchung werden sie aufleuchten wie
Funken, die durch die Stoppeln dahinfahren. Sie werden Völker
richten und über Nationen herrschen; der Herr wird auf ewig

Was sagt die Bibel zum ewigen Leben?

ihr König sein. Die auf ihn vertrauten, werden die Wahrheit erkennen, und die treu gewesen sind, werden in Liebe bei ihm verweilen; denn Gnade und Erbarmen wird seinen Auserwählten zuteil.«

Wer das »Deutsche Requiem« von Johannes Brahms kennt, wird den ersten Vers wiedererkennen; dort heißt es: »Der Gerechten Seelen sind in Gottes Hand, und keine Qual rühret sie an.« – Eine Reihe von Gedanken aus Weisheit 3 haben die christliche Vorstellung vom ewigen Leben geprägt: Die Bewahrung der Seelen durch Gott über den Tod hinaus im friedlichen Aufgehobensein bei Gott; eine vorausgehende Zeit der Prüfung; die Erwartung einer zukünftigen (Mit-)Herrschaft der Bewahrten. Zu beachten ist dabei allerdings, dass die Weisheit Salomos nur die Gerechten in dieser Rolle sieht – darin ähnlich den oben angesprochenen Psalmen 49 und 73. Ungerechte bekommen an dieser Hoffnung keinen Anteil.

Diese Unterscheidung zwischen dem Schicksal von Gerechten und Ungerechten wird an anderer Stelle im Alten Testament bestritten. Der skeptische Weisheitsdenkers Kohelet (oder, wie er in protestantischer Tradition heißt, Prediger Salomo) ist sich – vermutlich um einiges früher als die Weisheit Salomos – sogar sicher, dass es gar kein Leben nach dem Tod gibt: »All dies erwog ich in meinem Sinn und ich sah ein, dass die Gerechten und Weisen und ihre Werke in Gottes Hand sind. Weder um Liebe noch um Hass weiß der Mensch; beides liegt doch offen vor ihm. Alle trifft doch ein und dasselbe Geschick, den Gerechten und den Frevler, den Reinen und den Unreinen; den, der opfert, und den, der keine Opfer bringt; den Guten und den Sünder; den, der schwört, und den, der den Eid scheut. Das ist das Schlimme bei allem, was unter der Sonne geschieht, dass alle ein und dasselbe Geschick trifft, dass sich das Herz der Menschen mit Unheil füllt und dass man Torheiten ausdenkt, solange man lebt, und danach müssen sie zu den Toten. Ja, wer noch lebt, für den gibt es noch Hoffnung. Denn: Ein lebender Hund ist besser als ein toter Löwe.

Denn die Lebenden wissen, dass sie sterben werden; doch die Toten wissen gar nichts; auch erhalten sie keine Belohnung mehr; denn die Erinnerung an sie gerät in Vergessenheit. Ihr Lieben, ihr Hassen und auch ihr Eifern sind längst dahin. Auf ewig haben sie keinen Anteil mehr an allem, was unter der Sonne geschieht.

Also: Iss fröhlich dein Brot und trink vergnügt deinen Wein; denn von jeher gefällt es Gott, wenn du so tust. Trag jederzeit weiße Kleider und auf deinem Haupt fehle nicht das Öl. Genieß das Leben mit einer Frau, die du liebst, alle Tage deines nichtigen Lebens, die Gott dir unter der Sonne gegeben hat. Denn dies ist dein Anteil am Leben und an deiner Mühe, die du dir unter der Sonne machst. Alles, was deine Hand zu tun findet, das tu, solange du Kraft hast. Denn es gibt kein Tun und Planen, nicht Wissen und Weisheit in der Unterwelt, zu der du unterwegs bist« (Kohelet 9,1–10).

Dieser Strang alttestamentlichen Denkens ist trotz der Entwicklungen in der Prophetie, in der Apokalyptik und in den Makkabäerbüchern weiter fortgeführt worden; Kohelet kann sogar als Repräsentant des Mainstreams des alttestamentlichen Denkens in der Frage des Weiterlebens nach dem Tod angesehen werden. In den Worten Kohelets spricht sich wieder die alte Überzeugung aus, dass der Mensch nach dem Tod in die Unterwelt, die *Scheol* eintritt.

Wenn man die Texte aus der Weisheit Salomos und Kohelet einander gegenüberstellt, fällt auf, dass beide wohl einem ähnlichen gesellschaftlichen Milieu entstammen – der städtischen Oberschicht – und als weisheitliche Denker einer ähnlichen

Vorstellungswelt angehören. Trotzdem liegen ihre Positionen weit auseinander. Zwei Gründe mag es dafür geben: In der Aufnahme hellenistischen Gedankenguts ist die – einige Jahrhunderte später verfasste – Weisheit Salomos deutlich weiter fortgeschritten als Kohelet, und mit dem Hellenismus assimiliert sie auch den Unsterblichkeitsglauben. Sie hat aber auch eine stärkere Wahrnehmung einer Trennung der Gesellschaft in Gerechte und Ungerechte. Es hat den Anschein, als ob eine Sensibilisierung für (fortgesetzte strukturelle) gesellschaftliche Ungerechtigkeit die Bejahung eines Weiterlebens nach dem Tod eher nahelegt, als wenn man – wie Kohelet – nicht allzu weit über den Horizont der eigenen wohlsituierten Verhältnisse hinausblickt.

In den Schriften des Neuen Testaments finden beide dieser zuletzt genannten alttestamentlichen Positionen ihre Anhänger, denn auch die verschiedenen Parteien des sich entwickelnden Judentums haben unterschiedliche Haltungen zur Frage der Auferstehung. Die Pharisäer sind diejenige Gruppe, mit der Jesus nach dem Zeugnis der Evangelien häufig im Streit liegt. Anders als es diese Texte nahelegen, vertritt Jesus oft Positionen, die inhaltlich nicht allzu weit von denen der Pharisäer entfernt sind, so auch in der Bejahung der Auferstehung. Dagegen bestreiten die Sadduzäer, darin ganz auf der Linie Kohelets, ein Leben nach dem Tod.

Ewiges Leben im Neuen Testament: jetzt und später

Die frühesten neutestamentlichen Texte sind die Briefe des Paulus. Als schriftkundiger Jude zieht er in besonderem Maß alttestamentliche Texte und jüdische Vorstellungen seiner Zeit heran, um auf die strittige Frage nach der Auferstehung zu antworten. Ein Kapitel seines ersten Briefes an die Gemeinde in Korinth geht besonders gründlich auf die Frage der Auferstehung ein. Den Anlass dafür gibt die Auferstehungsleugnung einiger Gemeindemitglieder (1. Korinther 15,13–19). Für Paulus gehört der Glaube an die Auferstehung Jesu zum Kernbestand des christlichen Glaubens. Auch hat er detaillierte Vorstellungen davon, was sich nach dem Tod abspielt:

»Aber, wird einer sagen, wie werden denn die Toten auferweckt? Mit was für einem Leib kommen sie? Du Tor! Was du säst, wird nicht lebendig, wenn es nicht zuvor gestorben ist. Und was du säst – du säst nicht die Gestalt, die erst entstehen soll, sondern ein nacktes Samenkorn, zum Beispiel vom Weizen oder sonst einem Gewächs. Gott aber gibt ihm die Gestalt, wie er sie vorgesehen hat, einem jeden Samen seine besondere.

Nicht alle Lebewesen sind von gleicher Gestalt. Ihre besondere Gestalt haben die Menschen, eine andere die Landtiere, eine andere die Vögel, eine andere die Fische. Auch gibt es himmlische Körper und irdische Körper. Die Schönheit der himmlischen ist anders als die der irdischen, der Glanz der Sonne ist anders als der Glanz des Mondes und anders als der Glanz der Sterne. Durch seinen Glanz unterscheidet sich ja ein Stern vom anderen.

So verhält es sich auch mit der Auferstehung der Toten. Gesät wird in Verweslichkeit, auferweckt in Unverweslichkeit. Gesät wird in Unansehnlichkeit, auferweckt in Herrlichkeit; gesät wird in Schwachheit, auferweckt in Kraft. Gesät wird ein irdischer Leib, auferweckt ein geistiger Leib. So gut es einen irdischen Leib gibt, gibt es auch einen geistigen. Steht doch auch geschrieben: Der erste Mensch Adam wurde zu einem irdischen lebenden Wesen; der letzte Adam zu Leben spendendem Geist. Aber nicht das Geistige kommt zuerst, sondern das Irdische, dann das Geistige. Der erste Mensch ist aus Erde, ist irdisch; der zweite Mensch stammt aus dem Himmel. Wie

Was sagt die Bibel zum ewigen Leben?

der Erdhafte, so sind auch die Erdhaften, und wie der Himmlische, so sind auch die Himmlischen. Und wie wir das Abbild des Erdhaften trugen, werden wir auch das Abbild des Himmlischen tragen. Das aber versichere ich, Brüder: Fleisch und Blut können das Reich Gottes nicht erben, noch erbt die Vergänglichkeit die Unvergänglichkeit.

Seht, ich enthülle euch ein Geheimnis: Wir werden zwar nicht alle entschlafen, wohl aber werden wir alle verwandelt werden, und zwar plötzlich, in einem Augenblick, beim Schall der letzten Posaune; die Posaune wird nämlich erschallen, und die Toten werden in Unvergänglichkeit auferweckt werden, und wir werden verwandelt werden. Denn dieses Vergängliche muss sich mit Unvergänglichkeit bekleiden und dieses Sterbliche mit Unsterblichkeit. Wenn sich aber einmal dieses Vergängliche mit Unvergänglichkeit bekleidet hat und dieses Sterbliche mit Unsterblichkeit, dann erfüllt sich das Wort der Schrift: Verschlungen ist der Tod in den Sieg. Wo ist, Tod, dein Sieg? Wo ist, Tod, dein Stachel?« (1. Korinther 15,35–55)

Eine ganze Reihe von Gedanken sind es, die Paulus hier anspricht. Vieles ist im Alten Testament verwurzelt, manches ist im zeitgenössischen Judentum beheimatet. Besonders gründlich geht Paulus auf die Frage ein, wie es denn eine leibliche Auferstehung von den Toten geben kann. Er vergleicht das Sterben des Menschen mit dem Säen eines Samenkorns. Damals galt noch die Ansicht, dass ein Korn zum Keimen sterben muss. Dieses Bild verwendet Paulus auch für Menschen. Im Tod werden sie sozusagen gesät; in einen neuen Erdboden gesetzt, aus dem sie als neue Pflanzen hervorgehen. In plastischen Bildern schildert Paulus sein Verständnis der Auferstehung in einem neuen Leib, der durch die Verwandlung des alten entstanden und so ganz anders ist. Zur Beschreibung dieses »ganz anderen« dient Paulus das Sprachbild des Himmels: Ein himmlischer Leib ist es, von ganz eigener Art und Schönheit, in dem die Menschen nach der Auferstehung erscheinen werden. Schließlich wird auch deutlich, wann Paulus mit dieser Auferstehung rechnet: sehr bald. Nicht alle Menschen nämlich werden vor der Auferstehung sterben. Die Rede vom »Schall der Posaune« deutet auf die bevorstehende Erscheinung Gottes hin. Mit einem kombinierten Zitat zweier alttestamentlicher Texte (Jesaja 25,8; Hosea 13,14) bringt Paulus zum Ausdruck, dass Gott den Tod besiegt.

Was bedeutet »Auferstehung« in der Evangelien?

Nicht alle Schriften des Neuen Testaments teilen Paulus' Bild der Auferstehung. In den Evangelien spielt die Auferstehung *aller* Menschen keine so große Rolle wie bei Paulus; wichtiger ist demgegenüber die Erzählung von *Jesu* Auferstehung, aber auch die Auferweckung von Menschen durch Jesus. Dass Jesus selbst Menschen auferwecken kann – wie etwa Lazarus (Johannes 11) oder einen jungen Mann in Nain (Lukas 7,11–16) –, dient wohl dem Erweis seiner besonderen Fähigkeiten. Um einen konstruierten Fall von Auferstehung geht es in einem Streitgespräch Jesu mit den Sadduzäern (Markus 12,18–27 bzw. die Parallelen bei Matthäus und Lukas), die demonstrieren wollen, wie absurd der von ihnen abgelehnte Gedanke einer Auferstehung ist: Eine Frau, die vielfach verwitwet ist, stirbt. Welcher ihrer vielen Ehemänner wird nach der Auferstehung ihr Mann sein? Jesus weist eine direkte Antwort zurück und betont den bildlichen Charakter der Rede von der Auferstehung: »Irrt ihr nicht deshalb, weil ihr weder die Schriften kennt noch die Macht Gottes? Denn wenn sie von den Toten auferstehen, heiraten sie nicht, noch lassen sie sich heiraten, sondern sind wie die Engel im Himmel. Was aber die Toten angeht, dass sie auferweckt werden, habt ihr nicht im Buch Mose, in der Geschichte vom Dornbusch, gelesen, wie Gott zu ihm sprach: Ich bin der Gott Abrahams und der Gott Isaaks und der Gott Jakobs? Er ist nicht ein Gott von Toten, sondern von Lebenden. Ihr seid sehr im Irrtum« (Markus 12,24–27 mit Bezug auf Exodus 3,6).

Die Auferstehung Jesu

Breiteren Raum nimmt in den Evangelien die Schilderung Jesu eigener Auferstehung ein. Sie bildet die Grundlage des christlichen Glaubens an die Auferstehung und soll hier ausführlicher dargestellt werden. Wiederum liefern die Darstellungen in den Evangelien uns keine verlässlichen »Fakten«, sondern eher Deutungen und Eindrücke, formuliert in symbolischer Redeweise und zu verstehen auf dem Hintergrund der damaligen Kultur. Historisch sicher ist allein, dass Jesus gestorben ist. Er wurde aufgrund seines Auftretens hingerichtet, das die römischen wie die jüdischen Autoritäten gleichermaßen provoziert hat. Jesus stirbt am Kreuz. Die Kreuzigung wird damals von den Römern vor allem bei Aufständischen praktiziert; bei dieser besonders quälenden Todesart durchleidet der Gekreuzigte einen manchmal tagelangen Todeskampf.

Nach der Kreuzesabnahme wird Jesus (nach Markus 15,42–47 und den Parallelstellen bei Matthäus und Lukas) in einem Grab beigesetzt, das von einem reichen Mann gespendet wurde. Bei der Grablege sind einige der Jüngerinnen Jesu anwesend; namentlich genannt werden Maria Magdalena und eine weitere

»Die Forschung kann die Auferstehung Jesu weder beweisen noch entkräften; denn sie ist ein Wunder Gottes. Der Glaube aber, dem sich der Auferstandene als der Lebendige bezeugt, erkennt gerade in dem Zeugnis der Schrift die Geschichtlichkeit der Auferstehung als ein Handeln Gottes, das sich in seiner Wunderbarkeit der Wissenschaft nur als Rätsel darstellen kann.« (Dietrich Bonhoeffer)

Frau namens Maria. Diese beiden Frauen – und nach Markus 16,1 noch eine dritte, Salome – sind es auch, die am Sabbat, dem Tag nach der Kreuzigung, zum Grab gehen. Als Akt der besonderen Ehrerbietung wollen sie den Toten salben. Nach der Darstellung der Evangelien finden sie das Grab ohne den Toten vor. Doch treffen sie auf einen jungen Mann (nach Lukas 24,4 zwei Männer) in leuchtend weißem Gewand (nach Matthäus 28,5 einen Engel), der ihnen berichtet, Jesus sei auferstanden. Auch gibt der Mann bekannt, Jesus wolle sie in Galiläa treffen, wie er es zuvor gesagt habe.

Auf diese Erscheinung reagieren die Frauen mit einer Mischung aus Freude und Entsetzen. Von den männlichen Jüngern wird die Nachricht teils mit Unglauben aufgenommen. Noch vor dem verabredeten Treffen in Galiläa erscheint Jesus einigen Jüngern auf dem Weg dorthin. Nach lukanischer Darstellung (Lukas 24,15–25) wird er zunächst von ihnen nicht erkannt. Beim Wiedersehen in Galiläa hat sich der auferstandene Jesus auch mit den Zweifeln der Jünger auseinanderzusetzen; vor allem aber gibt er den Seinen den Auftrag, die frohe Botschaft in alle Welt hinauszutragen. Nach Markus und Lukas wird er daraufhin in den Himmel entrückt.

Unter den **Synoptikern** *(griechisch, bedeutet übersetzt: zusammenschauen/gemeinsam schauen) bzw. den* **synoptischen Evangelien** *versteht man die Evangelien nach Markus, Matthäus und Lukas, die in ihrem neutestamentlichen Bericht über das Leben und Sterben Jesu auffällige Gemeinsamkeiten aufweisen. Um die Texte besser miteinander vergleichen zu können, stellte Johann Jakob Griesbach 1776 alle drei in Spalten nebeneinander, sodass man sie alle auf einmal gemeinsam anschauen konnte. Daher die Bezeichnung »Synopse«. Wie diese Gemeinsamkeiten und Parallelen aus der Entstehungsgeschichte der Texte zu erklären sind, darüber gibt es in der Forschung unterschiedliche Theorien.*

Was sagt die Bibel zum ewigen Leben?

Von dieser Schilderung der in vielem übereinstimmenden synoptischen Evangelien Matthäus, Markus und Lukas unterscheidet sich die Darstellung bei Johannes an mehreren Punkten. Das leere Grab wird zwar von Maria Magdalena entdeckt, dann aber von Simon Petrus und einen weiteren Jünger betreten. Sie finden keinen Engel vor; das Grab ist schlicht leer. Als Maria Magdalena jedoch später am Grab ist, begegnen ihr dort zwei Engel und kurz darauf auch Jesus, den sie zunächst aber nicht erkennt. Jesus erscheint dann auch den Jüngern und reagiert auf die Zweifel des »ungläubigen« Thomas. Schließlich zeigt sich Jesus drei fischenden Jüngern und hilft ihnen bei der Arbeit; gemeinsam nehmen sie ein Mahl ein. Der Auferstandene beauftragt dann Simon Petrus: »Weide meine Lämmer« (Johannes 21,15–17).

Wenn die Evangelien in den Vorstellungen ihrer Zeit und in ihrer Denkwelt von Jesu Auferstehung sprechen, dann bedürfen diese Schilderungen für uns heute der Auslegung. Dies gilt nun allerdings nicht allein für die Auferstehung Jesu, sondern für alle Ereignisse der Vergangenheit: »Was wir erfahren, ist nicht das Ereignis bzw. das Phänomen an sich, sondern wie es wahrgenommen und wie es *gedeutet* wird. Damit ist keineswegs gesagt, dass es sich bei den vorliegenden Beschreibungen

>*Es hat wenig Sinn, was da nachträglich berichtet wird, wissenschaftlich sichern oder beweisen zu wollen. Es ist für den, der es unbefangen hört, so wirklich wie sonst irgendetwas in dieser Welt. Aber was irgend von Gott her geschieht, kommt eher leise als laut, eher missverständlich als zwingend. Wer es erlebt, wird es erst wahrnehmen, wenn es vorbei ist, und wird nur mit Mühe etwas Erklärbares festhalten können. ... Es entsteht nicht etwa ein neuer Glaube, aber in den schon gefundenen und durchgehaltenen Glauben fällt die ganz und gar neue Erkenntnis: Er ist da! Er lebt!«* (Jörg Zink)

[der Auferstehung Jesu] um Fiktion oder gar reine Phantasie handele. Ganz im Gegenteil. Die ›Zeugen‹, die sich in unseren Quellen zu Wort melden, nehmen für sich in Anspruch, sich auf eine bestimmte Tatsache der Vergangenheit zu beziehen. Aber sie können diese Tatsache nicht eins zu eins abbilden, sondern uns nur sagen, wie sie ein von ihnen wahrgenommenes Phänomen *verstehen*«, so beschreibt dies Martin Ebner in seinem Artikel »*Die Auferweckung Jesu – oder: Woran glauben Christen?*«.

Auf ihrem alttestamentlichen und antiken Hintergrund gelesen, lassen sich die Erscheinungen des auferstandenen Jesu in den Evangelien als Totenerscheinungen verstehen, wie sie auch von anderen herausragenden Menschen berichtet werden. Die neutestamentliche Deutung ist nun aber die, dass Jesus *durch Gott* von den Toten auferweckt wurde (so zum Beispiel in formelhafter Weise in Römer 10,9; 1. Korinther 6,14 oder Apostelgeschichte 3,15). Hierzu noch einmal Martin Ebner: »Damit werden die Totenerscheinungen Jesu im Rahmen der apokalyptischen Theologie entschlüsselt: als Anfang des großen Umwälzungsprozesses, der zum endgültigen Durchbruch der Gottesherrschaft führt«. Vermittels der Auferweckung Jesu durch Gott wird das Leben und die Botschaft Jesu in ein anderes Licht gerückt: »Wenn nun die Anhänger Jesu, die nach seiner Kreuzigung seine Sache ebenso ›gestorben‹ sahen wie alle anderen, plötzlich auftreten und sagen: Gott hat Jesus aus den Toten erweckt, dann behaupten sie damit – auf dem Hintergrund der apokalyptischen Theologie und im Konfrontationskurs zur Jerusalemer Tempelelite: Dieser Jesus wurde von Gott ins Recht gesetzt. Dieser Jesus ist ein ›wahrer‹ Jude. Gott hat ihn bestätigt. Seine Lehre ist ›wahr‹. Er wurde aus dem Land des Staubs ›aufgeweckt‹ – wie die guten Lehrer Israels (vgl. Dan 12). Auf ihn können wir uns verlassen. Seine Lehre führt in die Gottesherrschaft«.

So führt uns nun die Frage nach der Bedeutung der Auferstehung zurück zu Jesu Leben und zu seiner Botschaft von der Gottesherrschaft. Fragt man danach, wie Jesus vom Reich Gottes spricht, dann stößt man auf die Aussagen zum ewigen Leben. Ewiges Leben und Reich Gottes – beides überschneidet sich im Neuen Testament an vielen Stellen. Gerade im Johannesevangelium ist das häufig der Fall. Hier findet man viele Worte, in denen Jesus sich selbst als Geber des ewigen Leben sieht: »Wer aber von dem Wasser trinkt, das ich ihm geben werde, wird in Ewigkeit nicht mehr Durst haben; vielmehr wird das Wasser, das ich ihm gebe, in ihm zu einer Quelle werden, deren Wasser in das ewige Leben sprudelt« (Johannes 4,14). Oder: »Amen, amen, ich sage euch: Wer glaubt, hat das ewige Leben. Ich bin das Brot des Lebens. Euere Väter haben in der Wüste das Manna gegessen und sind gestorben. Brot, das vom Himmel herabkommt, ist das, nach dessen Genuss man nicht mehr stirbt. Ich bin das lebendige Brot, das vom Himmel herabgekommen ist. Wer von diesem Brot isst, wird in Ewigkeit leben« (Johannes 6,47–51).

> **Eschatologie** *(griechisch, bedeutet übersetzt: die »Letzten Dinge«) meint die christliche Lehre von den sogenannten* **Letzten Dingen***, die sich nach unserem Tod beziehungsweise am Ende der Welt ereignen, zum Beispiel Tod und Auferstehung, das Gericht Gottes, der Jüngste Tag, das Reich Gottes.*
>
> *Man unterscheidet zwischen der* **präsentischen Eschatologie***, die sich mit dem Reich Gottes beziehungsweise dem ewigen Leben vor dem Tod befasst, und der* **futurischen Eschatologie***, die sich mit dem Reich Gottes beziehungsweise dem ewigen Leben nach dem Tod befasst.*

So scheint es der Glaube an Jesus zu sein, die »Anteilnahme« an Jesus, die bereits jetzt, mitten im Leben und vor dem Tod, ewiges Leben gewährt. Das ewige Leben hat in diesem Verständnis bereits jetzt begonnen. Der theologische Fachbegriff für diese Denkfigur lautet *präsentische Eschatologie*: bereits in der Gegenwart, präsentisch, hat die Zeit begonnen, in der wir es mit den »Letzten Dingen«, der Eschatologie, zu tun haben. Die Eschatologie befasst sich mit Themen wie Tod, Auferstehung, dem göttlichen Gericht – und dem ewigen Leben. Auf eine kurze Formel gebracht bedeutet »präsentische Eschatologie«: Schon jetzt entscheidet sich, was später einmal sein wird; schon jetzt erscheint in Ansätzen, was später einmal in größerem Maße spürbar sein wird.

An einer Stelle in den Evangelien wird dies von Jesus – ganz in alttestamentlicher Tradition stehend – auf den Punkt gebracht: »Ein Gesetzeslehrer trat auf, um ihn auf die Probe zu stellen, und sagte: ›Meister, was muss ich tun, um das ewige Leben zu erlangen?‹ Er aber sagte zu ihm: ›Was steht im Gesetz geschrieben? Was liest du dort?‹ Er antwortete: ›Du sollst den Herrn, deinen Gott, lieben mit deinem ganzen Herzen und mit deiner ganzen Seele und mit deiner ganzen Kraft [Deuteronomium 6,5] und mit deinem ganzen Denken und deinen Nächsten wie dich selbst [Leviticus 19,18].‹ Da sagte er zu ihm: ›Du hast richtig geantwortet: Handle danach und du wirst leben‹« (Lukas 10,25–28). In dieser Sicht liegt das Erlangen des ewigen Lebens in den Händen jedes einzelnen Menschen und ist eng an die Befolgung der alttestamentlichen Hauptgebote gebunden.

Das Pendant zur »präsentischen Eschatologie« stellt die *futurische Eschatologie* dar: In dieser Sicht sind die »Letzten Dinge« vor allem die, die nach dem Tod geschehen; die Gegenwart kommt hier weniger in den Blick. Auch solche Texte gibt es im Neuen Testament, wenn auch etwas seltener als solche mit »präsentischer Eschatologie«. »Futurisch« wirkt es, wenn Jesus sagt: »Das aber ist der Wille dessen, der mich gesandt hat, dass ich keinen von denen, die er mir gegeben hat, verliere, sondern dass ich sie auferwecke am Jüngsten Tag. Denn das ist der Wille meines Vaters, dass jeder, der den Sohn sieht und an ihn glaubt, das ewige Leben hat und dass ich ihn auferwecke am Jüngsten Tag« (Johannes 6,39–40). Auch in den übrigen Evangelien finden sich ähnliche Worte: »Amen, ich sage euch: Niemand hat Haus, Brüder, Schwestern, Mutter, Vater, Kinder oder Äcker um meinetwillen und um des Evangeliums willen verlassen, der nicht hundertfach, jetzt in dieser Zeit Häuser, Brüder, Schwestern, Mütter, Kinder und Äcker erhält, wenn auch unter Verfolgungen, und in der künftigen Welt das ewige Leben« (Markus 10,29–30).

Ein Dilemma scheint sich aufzutun. Spricht Jesus nun davon, dass das Reich Gottes und das ewige Leben in der Gegenwart liegen – oder in der Zukunft? Die Theologin Sabine Pemsel-Maier beschreibt in ihrem Buch »*Der Traum vom ewigen Leben. Die christliche Hoffnung auf die Überwindung des Todes*« einen Weg, beides zusammenzudenken: »Im Mittelpunkt der Botschaft Jesu steht *nicht das jenseitige Leben* nach dem Tod, sondern die Inkraftsetzung der Gottesherrschaft *in dieser Welt*. Freilich hat Jesus genau darum gewusst, dass das Reich Gottes nicht hier auf Erden vollendet wird. Doch sein Anliegen war es, die Gottesherrschaft hier und jetzt zeichenhaft und ansatzweise immer wieder wirksam zu machen und durch Menschen wirksam werden zu lassen. Dass sich ›Himmel und Erde berühren‹, ist eben nicht nur schöne Poesie, sondern die ureigentliche Intention Jesu: Dort, wo etwas vom Reich Gottes spürbar wird – und sei es noch so klein –, ragt der ›Himmel‹ in die Welt und in dieses Leben hinein. Umgekehrt beginnt mit der

Auferweckung im ›Himmel‹ nicht ein ›zweites‹ Leben, das mit dem irdischen überhaupt nichts mehr zu tun hat, sondern das Leben, das der Mensch auf dieser Erde gelebt hat, kommt von Gott und wird vollendet.«

Auferstehung

Manchmal stehen wir auf,
stehen wir zur Auferstehung auf
mitten am Tage
mit unserem lebendigen Haar
mit unser atmenden Haut.

Nur das Gewohnte ist um uns.
Keine Fata Morgana von Palmen
mit weidenden Löwen
und sanften Wölfen.

Die Weckuhren hören nicht auf zu ticken.
Ihre Leuchtzeiger löschen nicht aus.

Und dennoch leicht,
und dennoch unverwundbar
geordnet in geheimnisvoller Ordnung,
vorweggenommen in ein Haus aus Licht.

Marie Luise Kaschnitz

Zeit und Ewigkeit in biblischem Verständnis

Was wir gerade vom ewigen Leben gehört haben, gilt entsprechend auch für die Auferstehung: Sie findet nach christlichem Verständnis bereits jetzt in Ansätzen statt, und gleichzeitig wird sie für die Zeit nach dem Tod erwartet. Zum besseren Verständnis der biblischen Texte hilft es, sich das antike Zeitverständnis vor Augen zu führen. »Ewigkeit« bedeutet heute in unserer naturwissenschaftlich geprägten Sichtweise etwas anderes als für die Menschen in biblischer Zeit. Wenn wir vom ewigen Leben sprechen, denken wir in unseren heutigen westlichen Zeitkategorien. Zeit wird als etwas linear Ablaufendes gesehen, das sich nach dem präzisen Kriterium der Uhrzeit messen und mithilfe des Kalenders strukturieren lässt. Isaac Newton hat dieses Zeitverständnis gegen Ende des 17. Jahrhunderts auf charakteristische Weise formuliert: »Die absolute, wahre und mathematische Zeit verfließt an sich und vermöge ihrer Natur gleichförmig und ohne Beziehung auf irgendeinen äußeren Gegenstand.« Zeit ist damit etwas abstraktes, das unabhängig davon bestimmt werden kann, was in ihr geschieht. »Ewiges Leben« klingt in diesem Denkrahmen vor allem nach einer endlosen Dauer des zukünftigen Lebens. Manche Menschen verbinden mit diesem Verständnis von ewigem Leben weniger die ewige Seligkeit oder einen paradiesischen Zustand, sondern eher die Langeweile eines »ewigen« Lebens ohne Veränderung und die damit einhergehende Trostlosigkeit.

In der Welt der Bibel (und in vielen Ländern außerhalb der westlichen Welt) herrscht ein anderes Zeitverständnis: Zeit ist weniger eine quantitativ messbare als vielmehr eine qualitativ gefüllte Größe. Zeit kann leer sein; wenn nichts von Bedeutung geschieht, wird ihr Fortschreiten kaum bemerkt. Zeit kann aber auch gefüllt sein, manchmal sogar erfüllt, wenn sich in ihr vieles oder besonders Wichtiges ereignet.

Doch nicht nur die Bewertung der Qualität der Zeit unterscheidet unser heutiges westliches vom biblischen Zeitverständnis. Auch dass die Zeit linear abläuft, ist eine neuzeitlich-westliche Anschauung. Und zwar nicht nur bezogen auf die Zeit im Tageslauf, sondern in Bezug auf ganze Epochen. Hier denkt man in der Welt der Bibel die Zeit in Äonen, Zeitzyklen oder Zeitbögen. Es gibt nicht eine Zeit, sondern viele Zeiten, viele sich voneinander unterscheidende Äonen. Wenn ein Äon zu Ende geht und ein neuer beginnt, dann ist dies meist mit »epochalen« Umwälzungen verbunden. Dieses Verständnis steht gerade hinter denjenigen Texten des Neuen Testaments, die davon sprechen, dass durch Jesu Kommen in die Welt eine neue Zeit anbricht oder dass mit seiner Wiederkunft das Ende der Welt gekommen ist. Zuallererst ist damit das Ende eines Äons gemeint und nicht – wie wir es auf dem Hintergrund unseres heutigen Zeitverständnisses verstehen – das absolute Ende aller Zeiten.

Auf diesem Denkhintergrund erscheint die biblische Rede vom ewigen Leben in einem neuen Licht: Damit ist nicht die unendliche Ausdehnung der Zeit gemeint, nicht ein unendlich langes Fortschreiten auf dem Zeitstrahl, sondern das Eintreten in eine neue Zeit mit anderen Gesetzmäßigkeiten: ein qualitativ anderes Leben und eine Erfüllung der Zeit. Dieses neue

»Die Vorstellung von der Zeit, sie laufe im Grund in Kreisen und Bögen, hat die ganze alte Welt unseres Kulturraums geteilt. Im Laufe der Jahrhunderte aber setzte sich – etwa bei Newton – eine neue Vorstellung durch, und sie hat die ganze Neuzeit beherrscht: Nämlich die, die Zeit sei ein gerader Zeitpfeil, der sich aus einer unendlichen Vergangenheit in eine unendliche Zukunft bewege. Die Zeit sei ein allgemeingültiges, objektives Geschehen, messbar und verlässlich.« (Jörg Zink)

Sein ist in biblischer Sicht mit einer größeren Nähe zu Gott verbunden, als es sie je zuvor gegeben hat.

Nachdem wir nun einen Einblick gewonnen haben, wie die Bibel vom ewigen Leben spricht und wie dies heute zu verstehen ist, gehen wir nun einen Schritt weiter: Wie hat die Lehrbildung der christlichen Kirche die biblischen Vorstellungen weiterentwickelt?

»Die Zeit ist eine Larve der Ewigkeit.« (Jean Paul)

—

4. Was sagt die christliche Lehre über das ewige Leben?

Der Glaube an das ewige Leben –
Teil eines größeren Ganzen

Was in der Bibel über das ewige Leben und die Auferstehung geschrieben steht, ist an einigen Punkten widersprüchlich und bildet insgesamt keinen einheitlichen Vorstellungskomplex. Das liegt unter anderem daran, dass die biblischen Aussagen stark durch ihre unterschiedlichen Entstehungszeiten, -kreise und -umstände geprägt sind. Die Notwendigkeit einer stärkeren Vereinheitlichung entsteht zusammen mit dem Aufstieg des Christentums im Römischen Reich: Im vierten Jahrhundert nach Christus wird das Christentum nach der »Konstantinischen Wende« zur einigenden Religion des Römischen Reiches. Mit dieser neuen Rolle sind nicht nur einheitliche Bekenntnisse vonnöten, der christliche Glaube muss

Als **Konstantinische Wende** *bezeichnet man die Entwicklung, die unter Kaiser Konstantin I. mit der sogenannten Mailänder Vereinbarung 313 eingeleitet wurde und schließlich dazu führte, dass* **380** *unter Theodosius I. das Christentum zur* **Staatsreligion** *des Römischen Reiches wurde. War es zuvor lebensgefährlich, sich als Christ zu bekennen, wurde nun sozusagen der Spieß herumgedreht und es zur Pflicht, diese Religion anzunehmen. Der Wechsel von einer Untergrundorganisation zu einem staatlichen Instrument hatte wesentliche Folgen für die Glaubensinhalte wie auch die Organisation der nun staatlichen Kirche.*

sich nun auch stärker mit den herrschenden kulturellen und philosophischen Strömungen auseinandersetzen.

Einen kurzen Einblick in das Denken der griechisch-römisch geprägten Welt haben wir bereits am Beispiel des Hellenismus (siehe oben, Kapitel 3) gewonnen. Dieses Denken ist nicht nur von anderen Voraussetzungen geprägt als das biblische, sondern neigt auch dazu, das Gedachte zu systematisieren. Diese Tendenz kollidiert mit den biblischen Vorstellungen, denn die Bibel vereint Texte aus sehr unterschiedlichen Positionen, die oft auch gegensätzlich sind; zudem sind sie von bildhaftem Denken geprägt und besitzen einen eher poetischen als logischen Grundton. So besteht die Notwendigkeit, das, was christlich geglaubt wird, stärker philosophisch zu durchdringen, die vorhandenen Widersprüche zu eliminieren und ein einheitlicheres System zu schaffen, das den Bedürfnissen Roms beziehungsweise dem Christentum als römischer Staatsreligion eher gerecht wird. Dieser Prozess hat bereits vor dem vierten Jahrhundert nach Christus begonnen und dauerte noch viele Jahrhunderte an. Höhepunkte findet er erneut im scholastischen Denken des Hochmittelalters (12. bis 14. Jahrhundert), später noch einmal in der nachreformatorischen Zeit, als die konfessionellen Unterschiede stärker herausgearbeitet werden (16./17. Jahrhundert), sowie in und nach der Aufklärung (17./18. Jahrhundert), mit deren Herausforderungen sich die Theologie bis heute auseinandersetzt.

So kommt es, dass in der systematisierten christlichen Theologie der Glaube an das ewige Leben zu einem Teil eines größeren Abschnitts der Lehrbildung wird: der *Eschatologie* (vergleiche Kapitel 3). Diese »Lehre von den Letzten Dingen« versammelt unterschiedliche Themen, die die Spannungen und Widersprüche ihrer gleichzeitig biblischen und westlichen Herkunft spiegeln. Dabei lassen sich einige Themen- und Fragekomplexe grob voneinander abgrenzen.

> In einen dieser Komplexe haben wir bereits im vorange-
  gangenen Kapitel einen Einblick erhalten: die biblischen
  Grundlagen des Glaubens an die Auferstehung und das
  ewige Leben.

> In einem zweiten Bereich geht es um die Frage, worauf sich
  die Auferstehung denkerisch gründen kann. Hier sind die
  Spannungen zu bearbeiten, die zwischen dem Glauben an
  die Auferstehung Jesu Christi – als dem Fundament des
  christlichen Auferstehungsglaubens – und der Erfahrung
  des offensichtlichen Verwesens eines menschlichen Leich-
  nams bestehen.

> In einem dritten Bereich wird gefragt, welche Geschehnisse
  nach dem Tod eines Menschen ablaufen; hier sind Vorstellungen des individuellen Gerichts, der Vergebung oder des
  Zeitpunkts und der Art der Auferstehung des einzelnen
  Menschen zu behandeln.

> Wie das in der biblischen Apokalypse verheißene Ende der
  Welt in neuen Denkzusammenhängen (wie unseren heutigen) vorzustellen ist, wird in einem vierten Komplex
  gefragt. Nun geht es eher um das Kollektiv, die Gesamt-
  heit der Menschen beziehungsweise der ganzen Welt: Wird
  es ein Weltgericht über alles Lebendige geben? Wer darf
  dabei auf Vergebung hoffen? Gibt es eine Vorstufe zum ewigen Leben, in der wir erst noch von unseren Sünden gerei-
  nigt werden? Gibt es eine Hölle?

> An diesen Bereich schließt sich ein fünfter an: Wie kön-
  nen wir uns in diesem Leben auf das nächste einstellen
  oder vorbereiten? An welchen ethischen Maßstäben sollten wir unser Leben ausrichten, um das ewige Leben zu
  erlangen – oder können wir darauf hoffen, dass all unsere
  menschlichen Schwächen und Fehler nach dem Tod in Gottes umfassender Liebe aufgehoben sind?

> Ein letzter Fragekomplex schließlich befasst sich damit, wie wir uns das ewige Leben an sich vorzustellen haben. Was können wir sagen über die verheißene Schau Gottes, das Sein in göttlicher Nähe? Werden wir uns dann – beispielsweise – noch als voneinander getrennte Menschen erleben oder eher in einem großen Ganzen aufgehen? Wie wird es wohl sein, das ewige Leben?

Wenn wir uns diese unterschiedlichen Fragenkomplexe vor Augen führen, lässt sich erahnen, dass sie sich nicht scharf voneinander trennen lassen. An verschiedenen Stellen gehen sie ineinander über. Dass in den letzten zweitausend Jahren eine ganze Bandbreite unterschiedlicher Antworten auf diese Fragen gefunden wurden, die wiederum neue Fragen hervorbringen, macht die Sache nicht einfacher. So kann man wohl die christliche Lehre von den Letzten Dingen eher als einen Komplex von Fragen und Vorstellungen ansehen und weniger als eine klar umrissene Lehre. Einige dieser Fragen und Vorstellungen werden im weiteren Verlauf dieses Buches eine Rolle spielen, vor allem diejenigen, die sich eher an der Lebenswelt heutiger Menschen orientieren und keine nur innertheologischen Debatten spiegeln. Andere Fragen werden dagegen offen bleiben (siehe Schluss). Beginnen möchte ich mit einer Frage, die seit den Anfängen des Christentums bis in unsere Zeit immer wieder neu diskutiert wird: Glauben Christen und Christinnen daran, dass sie eine unsterbliche Seele haben?

Unsterblichkeit der Seele?

Seit alters existiert in vielen Religionen die Vorstellung, dass Menschen nach ihrem Tod auf irgendeine Weise fortleben. Auch das alte Israel sowie das entstehende Juden- und

Christentum bilden dabei, wie wir gesehen haben, keine Ausnahme. Das bedeutet aber nicht, dass alle Religionen die gleichen Ansichten teilen. Vom Weiterleben nach dem Tod gibt es sehr unterschiedliche Vorstellungen: Die einen denken dabei an eine Existenz von verstorbenen Ahnen im Gedächtnis der Familie, die von den Nachfahren auf einem Hausaltar verehrt werden und die man beispielsweise bei schwierigen Entscheidungen zu Rate zieht. Andere sind davon überzeugt, dass die Toten in einer eigenen Totenwelt weiterleben, und darum werden ihnen bei der Bestattung verschiedene nützliche Dinge mit auf den Weg gegeben. Wieder andere gehen davon aus, dass das Wesen oder die Seele von Toten in Menschen weiterlebt, die vielleicht erst nach ihnen geboren werden.

Von der Unsterblichkeit des Menschen spricht auch die Bibel, allerdings eher am Rande: Im Alten Testament ist allein in Weisheit 3,4 von der »Unsterblichkeit« die Rede: »Denn wenn sie [die Gerechten] auch nach der Ansicht der Menschen gestraft wurden, so war doch ihre Hoffnung von Unsterblichkeit erfüllt.«

Auch im Neuen Testament findet sich das Wort Unsterblichkeit nur selten. Dort wird der Gedanke einer an sich unsterblichen Seele oder eines unsterblichen Wesens des Menschen nicht verfolgt: Wenn Paulus in 1. Korinther 15,53–55 davon spricht, dass das Sterbliche das Unsterbliche *anziehen* soll, dann bedeutet das wohl, dass dieses »Kleidungsstück« nicht ursprünglich zum Menschen dazugehört: »Denn dieses Vergängliche muss sich mit Unvergänglichkeit bekleiden und dieses Sterbliche mit Unsterblichkeit. Wenn sich aber einmal dieses Vergängliche mit Unvergänglichkeit bekleidet hat und dieses Sterbliche mit Unsterblichkeit, dann erfüllt sich das Wort der Schrift [Hosea 13,14]: Verschlungen ist der Tod in den Sieg. Wo ist, Tod, dein Sieg? Wo ist, Tod, dein Stachel?«

Diese Linie wird beibehalten, wenn in 1 Timotheus 6,15–16 festgehalten wird, dass allein Gott Unsterblichkeit zukommt: »… der selige und alleinige Herrscher, der König der Könige und Herr der Herren, der allein Unsterblichkeit besitzt, der in unzugänglichem Licht wohnt, den kein Mensch gesehen hat noch zu sehen vermag.«

Damit wird der Gedanke daran, dass Menschen aus sich heraus unsterblich sein könnten, verneint. Anders ist dies dagegen in der Umwelt des frühen Christentums. Hier finden sich ausgeprägte Denkweisen, die die gesamte Welt und also auch die Menschen in zwei Teile geteilt sehen: einen niederen materiellen und einen höheren geistigen. So argumentiert etwa die Gnosis, eine sich aus unterschiedlichen Quellen speisende philosophisch-religiöse Strömung des Vorderen Orients. Ihr zufolge wohnt in jedem Menschen ein göttlicher Seelenfunke. Ähnlich, wenn auch weniger spekulativ und weniger religiös, formulieren griechische Philosophen ihr Bild vom Menschen. Der Gedanke der Unsterblichkeit der Seele spielt dabei eine wichtige Rolle. Dessen prominentester und im Westen wirkmächtigster Vertreter ist Plato. Da positive Werte wie das Gute – wie die menschliche Fehlbarkeit zeigt – nicht oder nicht allein der materiellen Welt der Menschen entstammen

Gnosis *(griechisch, bedeutet übersetzt: [Er-]Kenntnis) bezeichnet verschiedene religiöse Lehren und Gruppierungen des 2. und 3. Jahrhunderts nach Christus. Kennzeichnend für gnostisches Denken ist, dass die materielle Welt als böse Schöpfung eines Schöpfergottes (»Demiurg«) gesehen und somit auch der menschliche Körper negativ beurteilt wird. Diesem Demiurgen gegenüber steht ein vollkommen jenseitiger, oberster Gott, der als »göttlicher Funke« in jedem Menschen existiert, in der materiellen Welt aber »fremd« ist und bleibt. Ziel des Menschen ist es, den göttlichen Funken zu erkennen und ihn von allem Materiellen zu befreien.*

> *»Schon Platon formulierte unter Aufnahme orphischer Traditionen: ›Soma – sema‹, das heißt, ›Der Leib ist das Grab (der Seele)‹. Die Erlösung besteht darum in der Befreiung vom Leib; sie ist folglich auch erst im Tod zu erwarten, da sich die Seele völlig vom Leib trennt.«* (Gisbert Greshake)

können, werden sie eher einer nicht-materiellen Sphäre zugerechnet. Aus dieser Sphäre gehen auch die Seelen hervor, die die menschlichen Leiber quasi bewohnen. Nach dem Tod verlassen die Seelen die Leiber.

Mit der platonischen Vorstellung der Unsterblichkeit der Seele hat sich die frühe Kirche auseinandergesetzt, und sie hat manches davon übernommen. Doch wird erst im Jahr 1513 in der katholischen Kirche das Dogma von der Unsterblichkeit der Seele beschlossen. Später – vor allem zur Zeit der Aufklärung – findet der Gedanke zahlreiche Anhänger, dass Menschen eine unsterbliche Seele besitzen. Manche der damit verbundenen Vorstellungen leben bis heute im Glauben vieler Menschen fort. Sichtbar werden sie etwa in Gebeten, in Liedern oder bei Trauerfeiern.

Körper und Seele: nicht zwei, sondern eins

Oft steht hinter der Rede von der menschlichen Seele die unausgesprochene Idee, dass der Mensch sich aus zwei verschiedenartigen Teilen zusammensetzt: einem materiellen Leib einerseits und einer nicht-materiellen Seele und bzw. oder einem Geist andererseits. Ein solches Menschenbild macht es leicht, an eine Trennung von Leib und Seele im Tod

> *»Der gebildete Fromme lässt sich eher noch seinen Gott und seinen Christus als die Hoffnung auf Fortdauer nach dem Tode nehmen.«* (David Friedrich Strauß)

und an die Unsterblichkeit der Seele bei gleichzeitiger Sterblichkeit des Leibes zu denken. Andererseits entspricht diese Zwei- oder Dreiteilung des Menschen weder der Alltagserfahrung noch dem derzeitigen Stand der humanwissenschaftlichen Forschung: Tagtäglich können wir erfahren, welche gravierenden Wechselbeziehungen es zwischen körperlichem und seelischem Wohlbefinden oder entsprechender Beeinträchtigung gibt. Das muss nicht immer dazu führen, dass Körper und Seele oder Geist sich in völligem Einklang befinden, wie das Sprichwort vom gesunden Geist suggeriert, der in einem gesunden Körper »wohnt«. Doch sind etwa von Schmerzen geplagte Menschen in ihrem ganzen Sein und nicht nur körperlich beeinträchtigt. Es scheint so zu sein, dass die »Seele« eines Menschen – im Sinne des Wesens – sich in enger Verknüpfung mit der Körperlichkeit ausprägt und wandelt. An eine scharfe Trennung ist kaum zu denken. Das erkennt auch die Humanmedizin zunehmend an, wenn sie von psychosomatischen Erkrankungen spricht – auch wenn sich mit naturwissenschaftlichen Mitteln so etwas wie die Psyche oder die »Seele« nicht greifen lässt.

Wie in diesem Beispiel, so wird der in der Tradition der Kirche entwickelte Glaube immer wieder durch neue Einsichten herausgefordert. Das hat zu Neuformulierungen der christlichen Lehre geführt. Von römisch-katholischer Seite wird dabei der Begriff der »Seele« neu definiert, um die Vorstellung von der Zweiteilung des Menschen in Leib und Seele zu vermeiden. Entsprechend heißt es in einem »*Schreiben der Römischen Glaubenskongregation*« von 1979: »Die [römisch-katholische] Kirche hält an der Fortdauer und Subsistenz eines geistigen Elements nach dem Tode fest, das mit Bewusstsein und Willen ausgestattet ist, sodass das ›Ich des Menschen‹ weiterbesteht, wobei es freilich in der Zwischenzeit seiner vollen Körperlichkeit entbehrt.

Um dieses Element zu bezeichnen, verwendet die Kirche den Ausdruck ›Seele‹, der durch den Gebrauch in der Heiligen Schrift und in der Tradition sich fest eingebürgert hat.« Aus evangelischer Sicht wird der Gedanke der Unsterblichkeit der Seele ohnehin oft kritisch gesehen. Der »*Evangelische Erwachsenenkatechismus*« schreibt dazu: »Man kann den Menschen nicht in verschiedene Teile aufspalten, die für sich existieren. Auferstehung heißt: Der ganze Mensch als Leib, Geist und Seele ist zu ewiger Gemeinschaft mit Gott bestimmt.« Beide Formulierungen machen deutlich, worin in theologischer Sicht der Stein des Anstoßes besteht: Die Bibel spricht an mehreren Stellen deutlich von einer Auferstehung des Leibes und nicht bloß von einer Auferstehung der Seele. Wenn wir nur auf eine Unsterblichkeit der Seele hoffen würden, wäre die biblische Hoffnung um einen entscheidenden Teil verkürzt.

Wie können wir uns nun diese Hoffnung auf die leibliche Auferstehung genauer vorstellen?

5. Was geschieht mit mir nach meinem Tod?

Die leibliche Auferstehung

Im Vordergrund steht beim christlichen Auferstehungsglauben, dass Menschen in ihrer Leiblichkeit auferstehen und nicht nur als Geist oder Seele. Wie bereits gesagt, findet man in der Bibel kaum die Vorstellung von der menschlichen Unsterblichkeit (Weisheit 3,4; Weisheit 15,3) – und wenn sie von Unsterblichkeit spricht, dann ist diese nicht allein auf die Seele bezogen. Die Eigenschaft der Unsterblichkeit kommt Gott zu, und wer sich in der Nähe Gottes befindet, kann an ihr Anteil bekommen.

Was bringt der Glaube an die leibliche Auferstehung zum Ausdruck, und worin bereitet er Schwierigkeiten? Der Gedanke einer leiblichen – und nicht nur geistigen oder seelischen – Auferstehung nimmt die Leiblichkeit des Menschen ernst; die leibliche Existenz erfährt dadurch Wertschätzung, denn Menschen existieren in ihrer Leiblichkeit und nicht jenseits davon: Das Verhältnis von Mensch und Leib ist nicht so, dass Menschen einen Leib *haben*, sondern sie *sind* ihr Leib. Der Leib, der Körper eines Menschen ist kein »minderwertiger Teil«, der es vielleicht nicht wert wäre, zur Auferstehung geführt zu werden.

> *»Denn dich [Gott] erkennen ist vollkommene Gerechtigkeit, und um deine Macht wissen ist die Wurzel der Unsterblichkeit.«*
> *(Weisheit 15,3)*

Im christlichen Glauben wird diese Sicht dadurch gestützt, dass Gott in Jesus Christus Mensch geworden ist. So wird der Wert der Leiblichkeit des Menschen als wesentlicher Teil der menschlichen Existenz anerkannt: Gott neigt sich nicht nur zur menschlichen Existenz barmherzig-annehmend herab. Indem Gott in Jesus Mensch wird, bejaht er die Menschlichkeit.

In der christlichen Tradition allerdings war dieses Wissen lange vergessen. Mit der Annäherung an die griechisch-philosophische Tradition hat die frühe Kirche auch den Gedanken übernommen, dass die menschliche Seele gegenüber dem Leib einen höheren Wert besitzt (siehe oben, Kapitel 4). Die Kehrseite dieser Vorstellung ist die Überzeugung, dass der Leib ein weniger wertvoller Bestandteil des Menschen ist. Oft wurde dies in dem Bild zum Ausdruck gebracht, dass die Materie den Geist zwar beheimatet, ihn jedoch auch an das Irdische kettet und so quasi gefangen hält – bis die Seele im Tod vom Leib befreit wird. Das Christentum hat diese Grundlage seines Denkens lange nicht hinterfragt. Im Mittelalter konnte der Körper auch als eine Art Instrument angesehen werden, mit dem sich der Mensch in der Welt befindet, seine Arbeit verrichtet, gesund oder weniger gesund ist, altert und stirbt. Diese Ansicht kommt zum Beispiel darin zum Ausdruck, wenn Martin Luther in seiner deftigen Sprache vom Menschen als dem »stinkenden Madensack« spricht.

In der Moderne setzt sich allmählich die Überzeugung durch, dass das Wesen eines Menschen maßgeblich durch die ganz

»Ist der Leib nur stets wandelbare Hülle des ›Eigentlichen‹? Ist er dann nicht wie ein Kostüm, das ein Schauspieler heute anlegt, um eine bestimmte Rolle zu spielen, um es dann morgen zur Aufführung einer anderen Rolle zu wechseln?« (Gisbert Greshake)

eigene Leiblichkeit geprägt und bestimmt wird. Doch auch heute ist oft eine ablehnende Haltung dem Leib gegenüber anzutreffen. Sie zeigt sich allerdings nicht immer offen, sondern häufig verdeckt: Gerade in unserer Zeit wird viel Wert auf gutes Aussehen, auf Jugendlichkeit und Fitness gelegt. Allerdings geht es dabei oft nicht um die Achtung dem eigenen Leib gegenüber, sondern um die öffentliche Darstellung der »Person«, die sich des Körpers als »Hülle« oder »Werbefläche« bedient. Erneut wird der Körper abgewertet; er besitzt keinen Wert in sich, sondern ist Symbolträger von etwas Höherem, für das er – durch rigide Sportprogramme, Medikamente, Schönheitsoperationen oder »Korrekturen« – zugerichtet wird, bis er den jeweils herrschenden Anforderungen entspricht.

Hier kann die christliche Rede von der leiblichen Auferstehung einen Gegenakzent setzen. Wenn wir unseren Körper als die Basis unseres Lebens sehen – von Gott geschaffen, von Gott mit all seinen möglichen »Mängeln« gewollt und mit der Hoffnung versehen, einst von Gott zur Auferstehung geführt zu werden –, dann wird es schwieriger, den eigenen Leib nur als Instrument zu betrachten.

Der Leib: Verbindung miteinander und mit der Welt

Das – neuere – christliche Verständnis von der leiblichen Auferstehung betont noch etwas anderes: Unsere Leiblichkeit macht nicht nur einen unverzichtbaren Teil unseres Menschseins als Einzelne aus. Über unseren Leib treten wir Menschen auch in Kontakt mit unserer Umwelt, wir sind durch ihn Teil der Welt. Einiges aus unserer Umwelt geht sogar durch uns hindurch und wird dabei verwandelt: Wir atmen die Luft, nehmen Nahrung und Flüssigkeit auf, sind von einer Fülle von Bakterien besiedelt. Von diesen Prozessen und Symbiosen bleiben wir nicht unberührt. Wir verändern und entwickeln uns durch sie und mit ihnen. Außerdem nehmen wir über unseren Leib Beziehungen zu anderen Menschen auf. Selbst in Zeiten zunehmender virtueller Kommunikation bleibt der Kontakt von Angesicht zu Angesicht für Menschen unverzichtbar. Nur so erfahren wir Wärme und Gemeinschaft, Zusammensein und Geborgenheit, Annahme, aber auch Ablehnung. Unser Leib macht uns empfänglich für Gemeinschaftserfahrungen, aber auch verletzlich gegenüber Angriffen. Was man »am eigenen Leib erfahren« hat, hinterlässt Spuren im Körpergedächtnis. Zusammenfassend lässt sich sagen, dass Leiblichkeit die Weise ist, in der wir Menschen in der Welt sind. Sie macht einen wichtigen Teil unseres Personseins, unserer Unverwechselbarkeit, unserer Identität aus – spürbar besonders dann, wenn wir uns in Beziehung zu unserer Umwelt begeben, wenn wir soziale Wesen sind. Der katholische Theologe Gisbert Greshake spricht von einem »(Groß-)Leib des Menschen«. Dieser Ausdruck betont die menschliche Beziehungshaftigkeit, die in der Leiblichkeit verankert ist, wie auch Greshake in seinem Buch »Tod – und dann?« ausführt: Der Leib »ist das, was uns Menschen untereinander und mit der Welt als Ganzer verbindet und wodurch wir in Kommunikation miteinander treten. Kraft meines Leibes bin ich hier und nicht da, und du bist hier und nicht da; darum können wir miteinander sprechen, einander hören und sehen, und zwar mit unseren leiblichen Sinnesorganen. Leib heißt kurz gesagt: In-konkreter-Beziehung-Stehen mit anderem und anderen.«

»Der Mensch ist doch nicht nur eine abstrakte Seele. Der Mensch ist auch Leib, mehr noch, der Mensch ist eine ganze Welt.«
(Gerhard Lohfink)

Noch einen Schritt weiter geht der katholische Theologe Gerhard Lohfink, wenn er jedem Menschen zuschreibt, »eine ganze Welt« zu sein. Lohfink entwickelt seine Gedanken im Zusammenhang des Nachdenkens darüber, was der Tod eines Menschen bedeutet: »Wenn ein Mensch stirbt, dann geht jedes Mal eine noch nie dagewesene und ganz persönliche Welt unter.« Und er fährt fort: »Ich finde, dass dieses Betroffensein von der unverwechselbaren und geheimnisvollen Welt, die zu jedem Menschen gehört, eine unbedingt notwendige Voraussetzung ist, um überhaupt begreifen zu können, was gemeint ist, wenn wir in unserem Glauben von der Auferstehung der Toten sprechen. Auferstehung heißt nämlich, dass der ganze Mensch zu Gott gelangt, der ganze Mensch mit all seinen Erfahrungen und mit seiner ganzen Vergangenheit, mit seinem ersten Kuss und mit seinem ersten Schnee [hier bezieht sich Lohfink auf ein Gedicht von Jewgeni Jewtuschenko], mit all den Worten, die er gesprochen und mit all den Taten, die er getan hat. Dies alles ist doch unendlich mehr als eine abstrakte Seele – und deshalb ist es nicht vorstellbar, dass im Tod nur die Seele des Menschen vor Gott hintritt.«

In diesen Worten wird deutlich, wie eingeschränkt das Verständnis vom Menschen ist, das nur der Seele Unsterblichkeit zuspricht. Nachdem diese Tradition lange Zeit in der Kirche maßgeblich war, tritt in der neueren Theologie deutlicher hervor, dass sich Menschsein nicht auf diese Dimension begrenzen lässt.

»Und wenn ein Mensch stirbt, dann stirbt mit ihm sein erster Schnee und sein erster Kuss und sein erster Kampf ... all das nimmt er mit sich.« (Jewgeni Jewtuschenko)

Welches Bild vom Menschen heute mit der christlichen Rede von der Auferstehung des Leibes verbunden wird, ist nun vielleicht deutlicher geworden. Doch wie ist die leibliche Auferstehung zu denken? Bei den Ausführungen zum biblischen Verständnis der Auferstehung (siehe oben, Kapitel 3) ist bereits deutlich geworden, dass es dabei nicht um eine *Wiederherstellung* des Leibes in seiner irdischen Gestalt gehen kann. Dies wäre ohnehin kaum vorstellbar: Das menschliche Leben befindet sich in ständiger Veränderung, indem es wächst und sich entwickelt. Unklar bliebe, welches Lebensalter, welcher Entwicklungszustand es wäre, in dem der Leib auferweckt würde, wenn Auferstehung eine einfache Wiederherstellung des Leibes wäre.

In einer älteren Fassung des Apostolischen Glaubensbekenntnisses – dem gebräuchlichsten Bekenntnis der christlichen Kirchen – heißt es: »Ich glaube an ... die Auferstehung des *Fleisches.*« Dieser Satz ist oft missverstanden worden. Das Missverständnis wird in der »*Stellungnahme der Union Evangelischer Kirchen*« aus dem Jahr 2006 so zugespitzt: Es läge in der »Auffassung ..., die Auferstehungswirklichkeit als Wiederbelebung der materiellen Bestandteile des Menschen zu verstehen. Zwar hat das erhoffte ewige Leben durchaus Beziehung auf das ›Fleisch‹, in dem wir unser irdisches Leben gelebt haben. Wäre das nicht so, wären wir ja als Gewesene nicht wir selbst. Aber es wird eine von Gottes Ewigkeit und Klarheit durchwaltete und erfüllte Beziehung sein«. Auch hier wird der Beziehungsaspekt der menschlichen Leiblichkeit hervorgehoben: »Wir sind als Leib Personen im Verhältnis zu Gott, zu uns selbst und zu anderen Menschen. Dieser Leib ist im ewigen Leben nicht von ›Fleisch‹, sondern von den Möglichkeiten der Ewigkeit Gottes und seines schöpferischen Geistes getragen. Aber er wird

»Gesät wird ein irdischer Leib, auferweckt ein geistiger Leib. So gut es einen irdischen Leib gibt, gibt es auch einen geistigen.«
(1 Korinther 15,44)

nicht sozusagen von der Ewigkeit Gottes verschlungen. Wir hoffen nicht darauf, ›vergöttlicht‹ zu werden. Die Vorstellung von der Leibhaftigkeit des ewigen Lebens unterstreicht darum die Hoffnung, dass wir als Geschöpfe ewig *im Gegenüber* zu Gott und auch zu den Menschen eine neue Wirklichkeitsweise haben werden.« Das, was wir nach der leiblichen Auferstehung erwarten, wird also eine andere Weise der Leiblichkeit sein als die, die wir im irdischen Leben erfahren haben. Manche Theologen und Theologinnen sprechen in Anlehnung an eine Wendung des Paulus aus dem Neuen Testament vom »Geist-Leib«. Dies sollte aber nicht das Gegenteil von unserer irdisch-leiblichen Existenz zum Ausdruck bringen, sondern lediglich die grundsätzlich *andere* Leiblichkeit, mit der der christliche Glaube nach der Auferstehung rechnet.

Der christliche Glaube geht also nicht davon aus, dass die Auferstehung des Leibes eine Wiederherstellung des Leibes oder einer rein materiellen Seinsweise ist. Zwischen dem Leben vor und nach der Auferstehung findet ein Bruch statt: Es geht durch den Tod und nach dem Tod nicht einfach »weiter wie bisher«. Trotz dieses Bruches aber wird auch nicht quasi nur ein Teil des bisherigen Menschen auferweckt. Bewahrt wird durch den Tod hindurch der ganze Mensch, wenn auch nicht in derselben leiblichen Gestalt wie zu Lebzeiten.

Wie kann man sich dies vorstellen? Eine Möglichkeit dazu bietet der Gedanke an die *Erinnerung*. Mit ihrer Hilfe bewahren sich Menschen bereits im Lauf ihres irdischen Lebens trotz unterschiedlichster Erfahrungen und biografischer Brüche das

Gefühl oder den Gedanken von sich selbst, ein und dieselbe bzw. derselbe zu sein. So kann auch die Erinnerung als Mittel gedacht werden, vor und nach dem Tod derselbe bzw. dieselbe zu sein, auch wenn sich dann wesentliche Aspekte des Lebens deutlich verändert haben.

Doch selbst wenn uns diese Möglichkeit einleuchtet – die leibliche Auferstehung bleibt eines der großen Rätsel des christlichen Glaubens. Wie in kaum einer anderen Facette des Glaubens überwiegt hier das Unvorstellbare, Unverstehbare. Wie bei kaum einem anderen Thema sind die Gläubigen hier auf das Vertrauen angewiesen, das sie in die biblischen Verheißungen setzen können. Der Apostel Paulus beschreibt treffend, wie sich Jetziges und Künftiges zueinander verhalten: wie das Stückwerk zum Vollendeten. »Als ich ein Kind war, redete ich wie ein Kind, dachte wie ein Kind, urteilte wie ein Kind. Als ich erwachsen wurde, legte ich ab, was kindlich an mir war. Jetzt sehen wir in einem Spiegel alles rätselhaft, dann aber von Angesicht zu Angesicht. Jetzt erkenne ich stückweise, dann aber werde ich ganz erkennen, so wie auch ich ganz erkannt worden bin« (1 Korinther 13,11–12).

So sind unsere Erkenntnismöglichkeiten in diesem Leben beschränkt, wenn es um die Möglichkeiten geht, einen Blick ins nächste zu werfen. Und doch verlangt es uns nach Vorstellungen dessen, was kommt. Deshalb ist es legitim, wenn wir auf Bilder zurückgreifen, von denen wir wissen, dass sie das Gemeinte nicht vollständig fassen können. Dies gilt auch für einen weiteren Aspekt der Auferstehungsvorstellung: Wohin werden wir nach dem Tod gelangen?

Wohin komme ich nach dem Tod?
Paradies, Himmel und Hölle

Die Geschichte der Religionen kennt zahlreiche Vorstellungen von den Räumen, in die Menschen nach ihrem Tod gelangen. Die Vorläufer von Judentum und Christentum, die Religionen Syriens und Palästinas (siehe oben, Kapitel 3), gingen davon aus, dass sich die Toten in einem Totenreich (der Unterwelt oder *Scheol*) befinden und dort auf schattenhafte Weise weiterexistieren. Im Laufe der weiteren Entwicklung der Religionen trat diese düstere Vorstellung einer gottfernen Unterwelt immer stärker zurück. Stattdessen wurden die Verheißungen immer stärker ausgearbeitet, dass das Leben nach dem Tod in göttlicher Nähe eine Fortsetzung findet.

Von alters her galt der Himmel als die Sphäre Gottes, und zwar nicht (nur) der Himmel im Sinne des Luftraums, der sich über der Erde befindet (englisch: *sky*), sondern auch und vor allem als symbolisch aufgeladener Raum (englisch: *heaven*). Diese obere Region bildet zusammen mit der Erde die gesamte Welt: »Himmel und Erde« sind die Worte, mit denen im Alten Testament der gesamte Kosmos bezeichnet wird (zum Beispiel in Genesis 1,1;2,4 und öfter). Der Wohnort Gottes ist im Himmel (Jesaja 63,15 und 19); von dort kommt er herab, und von dort spricht er (Markus 1,10–11).

> *»Selig die Armen im Geist; denn ihnen gehört das Himmelreich. Selig, die ein reines Herz haben; denn sie werden Gott schauen. Selig, die verfolgt werden um der Gerechtigkeit willen; denn ihnen gehört das Himmelreich. Selig seid ihr, wenn sie euch um meinetwillen schmähen und verfolgen und euch alles Lügnerische nachsagen. Freut euch und jubelt, denn euer Lohn ist groß im Himmel.«*
> *(Matthäus 5,3, 8 und 10–12)*

Gott kann als »Vater unser im Himmel« angesprochen werden (Matthäus 6,9); sein Reich ist »das Reich der Himmel« (Matthäus 3,2;4,17 und öfter).

So liegt es nahe, den Himmel als Aufenthaltsort der verstorbenen Gerechten anzusehen, denen nach dem Tod die Gottesnähe verheißen ist. Da der Himmel ansonsten aber die göttliche Sphäre ist und kein Mensch je dorthin gelangt ist, malt sich die Bibel nicht besonders detailliert aus, wie dieser Ort aussehen soll. Allerdings gibt das Neue Testament einige Hinweise auf die himmlische Gemeinschaft.

Der Alttestamentler Bernhard Lang und die Religionswissenschaftlerin Colleen McDannell fassen sie in ihrem Buch *»Der Himmel. Eine Kulturgeschichte des ewigen Lebens«* zusammen: »Neben Abraham befinden sich in dieser Gemeinschaft alttestamentliche Heilige wie Elija und Mose, Gestalten, mit denen Jesus in mystischer Entrückung gesprochen haben soll. Aus anderen Überlieferungen geht hervor, dass sich im Himmel auch gewöhnliche Menschen aufhalten, zum Beispiel der Lazarus des Gleichnisses [Lukas 16,19–31], die Witwe jener Sadduzäerfrage [Markus 12,18–27 und Parallelen bei Matthäus und Lukas] und der mit Jesus zusammen gekreuzigte reuige Schächer [Lukas 23,39–43]. Diesem hatte der im Todeskampf stehende Jesus versprochen, noch ›heute‹ werde er mit ihm im Paradiese sein. Aber auch seinen Anhängern, vor allem seinen Jüngern, verhieß er Plätze im Himmel. In einer Abschiedsrede sagte Jesus, er werde ihnen einen Platz bereiten, denn ›im Haus meines [göttlichen] Vaters sind viele Wohnungen‹. Diesen ›Wohnungen‹ oder ›Wohnorten‹ fehlt alles, was an Häuslichkeit erinnert. Obwohl die Toten im Jenseits Gesellschaft haben werden, unterstreicht Jesus die geistige Eigenart jener Welt. Als engelsgestaltige Wesen kennen die Heiligen weder Ehe noch Zeugung, die Grundlagen des häuslichen Lebens in der Antike.«

Damit kommt eine zweite, anders geartete Vorstellung ins Spiel, die schon geraume Zeit die Fantasie über das Sein in Gottesnähe beflügelt hat: das Paradies. Die biblische Paradieserzählung (Genesis 2,4–3,24) schildert – anders als die karge Vorstellung vom Himmel – in lebendigen Bildern, wie das Leben der Menschen bei Gott aussehen kann. Grundlegend ist dabei die Idee des Gottesgartens: Gott ähnelt hier dem altorientalischen Großkönig. Dieser demonstriert seine Macht nicht nur in der Unterwerfung der Feinde, sondern auch dadurch, dass er einen Teil der unkultivierten Natur zähmt. Er vollzieht im Kleinen, was er auch im Großen tut: Die Welt aus dem Chaos in den Zustand der Kultur, der Zivilisation zu führen. Dieser Zustand sieht, auf Gott übertragen, anders aus als beim Großkönig: In Gottes Paradies herrscht nicht das Gesetz der Krieger und Sieger, sondern es walten Gerechtigkeit und Friede. Das gilt selbst für die, die sich normalerweise jagen und töten, wie an Beispielen aus der Tierwelt im Motiv des »Tierfriedens« illustriert wird. Diese Hoffnung wird beim Propheten Jesaja mit der Erwartung des künftigen Messiaskönigs verknüpft: »Dann wohnt der Wolf bei dem Lamm und lagert der Panther bei dem Böcklein. Kalb und junge Löwen weiden gemeinsam, ein kleiner Junge kann sie hüten. Die Kuh wird sich der Bärin zugesellen und ihre Jungen liegen beieinander; der Löwe nährt sich wie das Rind von Stroh. Der Säugling spielt am Schlupfloch der Otter, und in die Höhle der Natter streckt das entwöhnte Kind seine Hand. Sie schaden nicht und richten kein Verderben an auf meinem ganzen heiligen Berg, denn das Land ist voll der Erkenntnis Gottes, wie die Wasser das Meer bedecken« (Jesaja 11,6–9).

Dieser Vorstellung liegt der Gedanke zugrunde, dass die Welt sich seit ihren Anfängen von einem paradiesischen

Messias *(hebräisch »**maschiach**«, »der Gesalbte«) bezeichnet im Alten Testament die »Gesalbten Jahwehs«, also Könige, Propheten oder Hohepriester, die eine herausragende Stellung im Volk hatten. Nach dem Ende des Königtums in Israel wird dieses Wort in den Texten der Propheten jedoch mehr und mehr zur Bezeichnung für einen Retter und Friedensbringer, der am Ende der Zeit machtvoll die Gottesherrschaft in der Welt aufrichten und Israel als Volk retten wird. Nach Jesu Tod sahen seine Anhänger in ihm diesen Messias gekommen. Sie übernahmen diesen Hoheitstitel für ihren Meister, sodass er sogar zum festen Bestandteil seines Namens wurde: Christos (lateinisch Christus), was die griechische Übersetzung des hebräischen »Maschiach« ist.*

Urzustand wegbewegt hat, der durch göttlichen Eingriff aber wiederhergestellt werden kann. Sie ist dem Alten Orient und dem Alten Testament sehr vertraut. Nach dem Tod erreichen die Menschen wieder einen »Garten Eden«. Dort müssen sie sich nicht mehr mit der täglich wiederkehrenden, teils harten Arbeit abplagen, die das Leben in agrarischen Gesellschaften damals bestimmt hat. Die irdische Sorge, die der Beschaffung beziehungsweise Herstellung von Nahrung und Kleidung sowie Fortpflanzung und Nachkommenschaft gilt, spielt hier keine Rolle. Die Menschheitsgeißeln Hunger, Krieg, Krankheit und Tod haben im Leben in der Gottesgemeinschaft keinen Platz. Nicht unähnlich dem Schlaraffenland, können sich die Menschen hier ganz der göttlichen Fürsorge überlassen (vergleiche Genesis 2).

Im Lauf der langen Abfassungszeit der Bibel verschwimmen die Bilder von Himmel und Paradies zunehmend. Der weniger ausgeschmückte Himmel wird von den bunteren Bildern des Paradieses überlagert.

Doch neben Himmel und Paradies gibt es noch ganz andere Bilder für das, was uns nach dem Tod erwarten kann. Als Gegenpol des Himmels gilt die Hölle. Manche Züge der Hölle knüpfen an die eingangs geschilderte biblische Vorstellung der Unterwelt an. Die Hölle symbolisiert den Ort, an den Menschen gelangen, die in ihrem Leben Schlechtes getan haben. In den verschiedenen christlichen Traditionen werden sowohl dieses »Schlechte« und sein Ausmaß als auch die »Hölle« unterschiedlich ausgestaltet.

Die Grundlage der Höllenvorstellung bildet der altorientalische Gedanke der Unterwelt. Diese ist ursprünglich eher ein Aufenthaltsort *aller* Toten und weniger ein Ort der Strafe, an den besonders schlechte Menschen nach dem Tod gelangen. Die altorientalisch-alttestamentliche Unterwelt (*Scheol*) ist kein angenehmer Ort. Ein Leben im Vollsinn ist hier nicht möglich; es fehlen beispielsweise das Licht und echte Nahrung. Die Unterwelt besitzt starke Anklänge ans Grab: Dort ist es dunkel und modrig, und man muss seinen Platz mit den Würmern teilen. Menschen, die zu Lebzeiten besonders viel Schlechtes getan haben, finden noch einmal schlechtere Bedingungen vor; so müssen sie etwa nach der Vorstellung der kleinasiatischen Hethiter ruhelos umherirren, Kot essen und Urin trinken. Den Guten kann es in der Unterwelt demgegenüber deutlich besser ergehen.

Im Alten Testament ist die Grenze zwischen dem Leben in der Unterwelt zu Lebzeiten und dem nach dem Tod nicht immer klar zu erkennen. Schon vor dem Tod kann manchen Menschen ihr Leben wie das Dasein in der Unterwelt erscheinen. Krankheit oder soziale Isolation etwa können einen Menschen vom eigentlichen Leben abschneiden. Mindestens so sehr wie die Einschränkungen durch Krankheit und Schmerzen treffen einen Menschen zur Zeit des Alten Testaments die Verachtung durch die Gemeinschaft oder der Ausschluss aus ihr. Wer davon betroffen ist, wähnt sich schon zu Lebzeiten in der Unterwelt. Gott aber besitzt die Macht, aus der Unterwelt zu erretten (Psalm 49,16). In den späteren Texten des Alten Testaments sind es vor allem die Gerechten, die auf die göttliche Rettung hoffen dürfen. Nicht immer ist klar, ob dabei an eine göttliche Errettung vor oder nach dem Ende des physischen Lebens gedacht ist.

Deutlich ist im Alten wie im Neuen Testament, dass die Unterwelt oder die Totenwelt ein gottferner Ort ist. Neutestamentlich werden weitere Begriff für diese Welt verwendet; *Gehenna* ist einer von ihnen, der sich bereits im frühen Judentum findet (und auch eine lebendige Nachgeschichte im Islam gefunden hat). Im biblischen Weltbild ist diese Unterwelt die räumliche und symbolische Entgegensetzung zum Himmel. Während man im Himmel Gott ganz nah ist, sind Unterwelt oder Totenwelt die Bereiche, die von Gott am weitesten entfernt sind. Dass die Hölle ein Ort der Strafe ist, tritt in einer Reihe von neutestamentlichen Texten stark in den Vordergrund. In der Hölle werden die Verstorbenen unter anderem im Feuer gequält (siehe zum Beispiel Matthäus 5,29–30; 18,9; 25,41; Lukas 3,17; 16,24; Offenbarung 14,10 und öfter). Christus aber besitzt die Macht, die Hölle zu überwinden und die Toten herauszuführen (1. Korinther 15,54f.).

Wie diese Darstellung deutlich macht, hat die Bibel keine systematische Vorstellung von der Unterwelt oder der Hölle. Darum knüpft die spätere christliche Tradition an ganz unterschiedliche Gedanken an. Im Mittelalter wird die Hölle in mehrere Bereiche aufgeteilt, in denen die verschiedenen Menschengruppen je nach den Vergehen im irdischen Leben unterschiedliche Strafen abbüßen. Einen Höhepunkt finden die Vorstellungen verschiedener Höllen in Dantes »*Göttlicher Komödie*«: In neun Höllenkreisen erleiden die Menschen für unterschiedliche Vergehen Strafen und Torturen. In der Barockzeit malt der katholische Dichter und Theologe Angelus Silesius »die ewigen Peinen der Verdammten« in einem 72 Strophen umfassenden Gedicht aus (dem allerdings 157 Strophen über die ewige Seligkeit gegenüberstehen).

Die Vorstellung der Hölle macht vielen Menschen Angst, und so kreisen auch in der christlichen Tradition zahlreiche Fragen um sie. Wichtig ist natürlich, welche Höllenstrafen auf welche menschlichen Vergehen stehen – und ob es ein Strafmaß gibt oder die Höllenstrafen ohne zeitliche Begrenzung abzubüßen sind. Haben die Verdammten ewige Pein zu erleiden, oder sind die Höllenstrafen von endlicher Dauer? Kann es dabei einen Straferlass geben? Kommt die göttliche Barmherzigkeit zum Zug, indem den Menschen Vergebung gewährt wird, oder muss strikt für jedes Vergehen Buße getan werden? Auf diese Fragen gibt es unterschiedliche Antworten. Auch ist strittig, ob Menschen direkt nach ihrem Tod in den Himmel bzw. die Hölle gelangen oder erst nach dem Jüngsten Gericht am Ende der Welt.

Bei der manchmal verwirrenden Vielfalt der Vorstellungen hilft es vielleicht, wenn wir uns daran erinnern, dass dies *Bilder* sind. In der Rede von Himmel bzw. Paradies und Hölle werden bestimmte Erfahrungen, Hoffnungen oder Befürchtungen in eine den Menschen der jeweiligen Zeit verständliche Form gegossen. Im strengen Sinn können wir über das, was nach dem Tod geschieht, nichts wissen. Die räumlichen Begriffe Himmel, Paradies und Hölle sind unsere menschliche Weise, uns vorzustellen, was unsere Vorstellungskraft eigentlich übersteigt. So, wie der Begriff des ewigen Lebens das Künftige in der Zeitdimension zu erfassen versucht, stellen Himmel und Hölle eine räumliche Annäherung dar.

»Wir können nicht mit Gott vereint werden, wenn wir uns nicht freiwillig dazu entscheiden, ihn zu lieben. Wir können aber Gott nicht lieben, wenn wir uns gegen ihn, gegen unseren Nächsten oder gegen uns selbst schwer versündigen. ... In Todsünde sterben, ohne diese bereut zu haben und ohne die barmherzige Liebe Gottes anzunehmen, bedeutet, durch eigenen freien Entschluss für immer von ihm getrennt zu bleiben. Diesen Zustand der endgültigen Selbstausschließung aus der Gemeinschaft mit Gott und den Seligen nennt man ›Hölle‹.« (Katechismus der Katholischen Kirche)

Eine Gedankenlinie ist es, die sich durch die Bilder der biblischen und nachbiblischen Traditionen über unseren Verbleib nach dem Tod zieht: Was uns erwartet, ist entweder ein Leben in großer Nähe zu Gott, in dem Fülle herrscht und es an nichts mangelt, oder ein qualvolles Dasein, dessen Ausgang und Ende ungewiss sind.

Wann und nach welchen Kriterien entscheidet sich, welche der beiden Möglichkeiten auf uns nach dem Tod wartet? Oder in der Sprache der christlichen Tradition: Wann sehen wir uns als Gottlose, wann als Gerechte; wann wartet die Hölle auf uns, wann dagegen der Himmel? Die Entscheidung hierüber fällt im Gericht Gottes. Dieser Vorstellung ist der nächste Abschnitt gewidmet.

Die Vorstellung vom göttlichen Gericht

Dass es ein Gericht über das Leben des Einzelnen und über die gesamte Welt geben wird, nehmen viele Religionen an. Gerade zur Entstehungszeit des Alten Testaments ist in der persischen Religion manches zu finden, was später ins Alte und Neue Testament Eingang gefunden und damit die jüdischen,

Was geschieht mit mir nach meinem Tod?

christlichen und auch muslimischen Vorstellungen eines Gottesgerichts geprägt hat.

Altes Testament: Der »Tag des Zorns«

Im Alten Testament ist das göttliche Gericht in erster Linie ein Gericht über das ganze Volk. Dieser Tag Gottes oder auch »Tag des Zorns« wird vor allem in den prophetischen Texten des Alten Testaments ausgemalt. Wenn von diesem Tag gesprochen wird, hat das meist einen konkreten Grund: Bestimmte Gruppen der Gesellschaft – meist Mächtige und Einflussreiche – haben die göttlichen Gebote permanent missachtet; sie haben Böses und nicht Gutes getan und die Gerechtigkeit mit Füßen getreten. Dies hat dazu geführt, dass das ganze Volk den Respekt vor der Weisung Gottes verloren hat. Als Folge kündigen eine Reihe von Propheten ein Gericht über alle Israelitinnen und Israeliten durch Gott an; in typischer Weise tut das der Prophet Amos: »Sucht das Gute und nicht das Böse, damit ihr am Leben bleibt und damit der Herr, der Gott der Heerscharen, mit euch ist, wie ihr behauptet. Hasst das Böse und liebt das Gute! Richtet im Tor das Recht auf. Vielleicht erbarmt sich der Herr, der Gott der Heerscharen, über Josefs Rest. Darum – so spricht der Herr, der Gott der Heerscharen: Auf allen Plätzen ist Wehklagen, in allen Gassen rufen sie: Wehe! Wehe! Man ruft den Ackerknecht zur Totenklage, zum Wehgeschrei die Klagekundigen. In allen Weinbergen wird Wehklagen laut; denn ich schreite durch deine Mitte, spricht der Herr. Weh denen, die den Tag des Herrn herbeisehnen! Was soll euch der Tag des Herrn? Er ist Finsternis und nicht Licht. Es ist, wie wenn einer vor einem Löwen flieht, und dann packt ihn ein Bär; er entkommt nach Haus und stützt seine Hand an die Wand, da beißt ihn die Schlange. Ja, Finsternis ist der Tag des Herrn und nicht Licht; Dunkel ist er, und kein Glanz leuchtet über ihm. ... Wie Wasser flute das Recht und die Gerechtigkeit wie ein nie versiegender Bach!« (Amos 5,14–20 und 24)

Der (Gerichts-)Tag Gottes bedeutet Angst und Schrecken; das Licht wird verschwinden und bedrohliche Dunkelheit herrschen. Nicht nur die Menschen sind davon betroffen, sondern die gesamte Schöpfung (vergleiche Jesaja 24,1–6).

Besonders eindrücklich wird der Tag Gottes beim Propheten Zephanja geschildert: »Nahe ist der große Tag des Herrn, nahe ist er, und er kommt sehr schnell. Horch! Der Tag des Herrn ist bitter, da muss selbst der Kriegsheld schreien. Ein Tag des Zornes ist jener Tag, ein Tag der Bedrängnis und der Not, ein Tag des Verderbens und der Verwüstung, ein Tag der Finsternis und des Dunkels, ein Tag des Wolkendunkels und der Nacht, ein Tag des Widderhorns und Kriegsgeschreis gegen die befestigten Städte und die hohen Türme. Da jage ich den Menschen Angst ein, dass sie umhergehen wie Blinde. Denn gegen den Herrn haben sie gesündigt. Ihr Blut wird hingeschüttet wie Staub und ihre Eingeweide wie Unrat. Weder ihr Silber noch ihr Gold kann sie retten am Tag des Zornes des Herrn. Im Feuer seines Eifers wird die ganze Erde verzehrt. Denn ein Ende, ein schreckliches Ende, bereitet er allen Bewohnern der Erde« (Zephanja 1,14–18).

Diese Verse sind es auch, die als Vorlage für die liturgischen Texte zum »*Dies irae, dies illa*« gedient haben – Zeilen, die Teil des Requiems sind, der katholischen Totenmesse. In den Vertonungen des Requiems (zum Beispiel von Wolfgang Amadeus Mozart, Guiseppe Verdi oder Benjamin Britten) werden diese Verse oft mit den im Text genannten Posaunen instrumentiert. Die musikalischen Fassungen bringen uns heutigen Menschen die Bedrohlichkeit des »Tags des Zorns« oft näher, als es allein die Worte der christlichen Tradition vermögen.

Gerade ältere Menschen werden sich bei diesen Zeilen vielleicht an die Kriegszeit erinnern. Dies wäre durchaus in der Linie der entsprechenden alt- und auch neutestamentlichen Texte: Im Hintergrund des göttlichen Gerichtstages stehen wohl Erfahrungen von kriegerischer Gewalt. Das Bild des göttlichen Gerichts ist, zumindest teilweise, auch der Versuch, die erlebten und erlittenen Leiden im Krieg in religiöse Bilder zu fassen. Land und Volk Israel sind oft Opfer von Kriegen und Kriegszügen gewesen. Dies wird in der Rückschau religiös gedeutet: Weil sich das Volk gegen Gott vergangen hat, straft Gott es an »seinem« Tag mit Mitteln, die kriegerischen Handlungen ähneln. An manchen Stellen wird dieser Rahmen aber auch verlassen, etwa wenn das göttliche Gericht über die gesamte Welt ergeht.

Neues Testament: Die Trennung in »Schafe und Böcke«

Im Neuen Testament wird stärker betont, dass ein göttliches Gericht nicht in erster Linie über das Volk Israel erwartet wird, sondern sowohl über die einzelnen Menschen als auch über die ganze Welt. Die bekannteste Textpassage über das Gericht, das die Menschen als Einzelne trifft, steht in Matthäus 25,31–46. Hier werden die Menschen in Gute und Böse, in Schafe und Böcke getrennt: »Wenn der Menschensohn in seiner Herrlichkeit kommt und alle Engel mit ihm, dann wird er sich auf den Thron seiner Herrlichkeit setzen. Und alle Völker werden vor ihm versammelt werden und er wird sie voneinander scheiden, wie der Hirt die Schafe von den Böcken scheidet. Er wird die Schafe zu seiner Rechten stellen, die Böcke aber zu seiner Linken. Dann wird der König zu denen auf seiner Rechten sagen: Kommt, ihr Gesegneten meines Vaters, nehmt das Reich in Besitz, das euch seit Grundlegung der Welt bereitet ist. Denn ich war hungrig und ihr habt mir zu essen gegeben; ich war durstig und ihr habt mir zu trinken gereicht; ich war fremd und ihr habt mich aufgenommen; ich war nackt und ihr habt mich bekleidet; ich war krank und ihr habt mich besucht; ich war im Gefängnis und ihr seid zu mir gekommen. Da werden ihm die Gerechten antworten: Herr, wann sahen wir dich hungrig und haben dir zu essen gegeben oder durstig und haben dir zu trinken gegeben? Wann haben wir dich als Fremden gesehen und aufgenommen oder nackt und dich bekleidet? Wann haben wir dich krank oder im Gefängnis gesehen und sind zu dir gekommen? Und der König wird ihnen antworten: Amen, ich sage euch: Was immer ihr einem dieser meiner geringsten Brüder getan habt, das habt ihr mir getan.

Dann wird er auch zu denen auf der Linken sprechen: Hinweg von mir, Verfluchte, in das ewige Feuer, das dem Teufel und seinen Engeln bereitet ist. Denn ich war hungrig und ihr habt mir nicht zu essen gegeben; ich war durstig und ihr habt mir nicht zu trinken gegeben; ich war fremd und ihr habt mich nicht aufgenommen; ich war nackt und ihr habt mich nicht bekleidet; ich war krank und im Gefängnis und ihr habt mich nicht besucht. Dann werden auch sie antworten und sagen: Herr, wann haben wir dich hungrig oder durstig oder als Fremden oder nackt oder krank oder im Gefängnis gesehen und haben dir nicht geholfen? Da wird er ihnen antworten: Amen, ich sage euch: Was immer ihr einem dieser Geringsten nicht getan habt, das habt ihr auch mir nicht getan. Und sie werden weggehen, diese zur ewigen Strafe, die Gerechten aber in das ewige Leben.«

Der Kernsatz der Passage ist: »Was immer ihr einem dieser meiner geringsten Brüder [Geschwister] getan habt, das habt ihr mir getan.« Anders gesagt: Das ethische Verhalten den Bedürftigsten gegenüber wird zum Maßstab für die Entscheidung im Weltgericht. Die christliche Tradition hat diese ethische Komponente des göttlichen Gerichts stark weitergeführt.

Doch auch ein anderes neutestamentliches Motiv hat in den späteren Jahrhunderten starken Nachhall gefunden. Im Buch der Offenbarung wird in den Kapiteln 20 und 21 der Versuch unternommen, das erwartete Endgericht in Beziehung zu anderen überlieferten Erwartungen zu setzen und die Ereignisse in eine zeitliche Abfolge zu bringen: Zunächst wird der Teufel durch einen Engel für tausend Jahre in Ketten gelegt. In dieser Zeit werden die auferweckten Märtyrer gemeinsam mit Christus herrschen. Danach kommt der Teufel für kurze Zeit frei und versucht noch einmal, eine Welle der Gewalt über die Erde hereinbrechen zu lassen. Doch so weit kommt es nicht; er selbst wird an einen höllenähnlichen Ort gebracht. Erst dann folgt das göttliche Weltgericht, in dem die Einzelnen für ihre Taten zur Rechenschaft gezogen werden. Abschließend erschafft Gott Himmel und Erde neu – in dieser neuen Welt ist für den Tod kein Platz mehr: »Dann sah ich einen Thron, groß und weiß, und den, der auf ihm saß. Vor seinem Angesicht flohen die Erde und der Himmel und es gab keinen Ort mehr für sie. Ich sah die Toten, die Großen und die Kleinen, vor dem Thron stehen. Bücher wurden aufgeschlagen; noch ein Buch wurde aufgeschlagen, das Buch des Lebens. Die Toten wurden nach ihren Werken gerichtet, wie es in den Büchern geschrieben stand. Und das Meer gab die Toten heraus, die in ihm waren, auch der Tod und die Unterwelt gaben die Toten heraus, die in ihnen waren, und sie wurden gerichtet, jeder nach seinen Werken. Der Tod und die Unterwelt wurden in den Feuersee geworfen. Das ist der zweite Tod: der Feuersee. Wer nicht im Buch des Lebens verzeichnet war, wurde in den Feuersee geworfen.

Dann sah ich einen neuen Himmel und eine neue Erde; denn der erste Himmel und die erste Erde sind vergangen, auch das Meer ist nicht mehr. Und die heilige Stadt, das neue Jerusalem, sah ich von Gott her aus dem Himmel herabsteigen, bereit wie eine Braut, die sich für ihren Mann geschmückt hat. Und ich hörte eine gewaltige Stimme vom Thron her rufen: Seht, das Zelt Gottes unter den Menschen! Er wird in ihrer Mitte wohnen und sie werden seine Völker sein und er selbst, Gott mit ihnen, wird ihr Gott sein. Er wird jede Träne von ihren Augen abwischen und es wird keinen Tod mehr geben; auch keine Trauer, keine Klage, keine Mühsal wird es mehr geben; denn das Frühere ist vergangen. Und er, der auf dem Thron saß, sprach: Seht, ich mache alles neu. Und er sagte: Schreib, denn diese Worte sind zuverlässig und wahr« (Offenbarung 20,11–21,5).

Gegenüber der Vision des Matthäusevangeliums ist die Offenbarung des Johannes stärker durch die alttestamentlich-apokalyptischen Texte und auch durch neuere spekulative Ideen geprägt. Bei der Interpretation sollte im Blick behalten werden, was aus historischer Sicht der Sinn solcher Vorstellungen ist: Weniger nämlich, einen in unserem heutigen Sinn exakten Zeitplan für den Ablauf der »Letzten Dinge« zu liefern, der durch religiöse Offenbarung verbürgt ist und nach dem sich alles genau so ereignen wird. Die Botschaft einer solchen Schilderung geht – kurz gesagt – eher in eine andere Richtung: Zum Ausdruck gebracht wird die Gewissheit, dass das unsichere Zukünftige ebenso in Gottes Hand liegt wie das Vergangene und Gegenwärtige. Die Welt wird nicht in unvorhersehbarem Chaos zugrunde gehen. Selbst dieser Teil ihrer Geschichte, der für uns Menschen im Dunkeln liegt, ist von Gott gehalten und folgt seiner Ordnung. Eine große Rolle spielt in der Offenbarung des Johannes auch die Neuschöpfung der Welt: Sie ist vor allem ein radikaler Bruch mit der vom Autor des Buches erfahrenen, gewaltdurchtränkten Welt.

Wenn wir versuchen, die biblischen Traditionen zum göttlichen Gerichtstag zusammenzufassen, dann ergeben sich vor allem drei Sinnlinien. Zum einen besteht ein klarer Zusammenhang zwischen dem Leben von Menschen und dem Ausgang des göttlichen Gerichts: Menschen tragen selbst zu einem guten Teil dazu bei, wie es ihnen im Gericht Gottes ergehen wird; Menschen sind damit für ihr Leben verantwortlich. Zum zweiten wird diese Verantwortung darin gelebt, dass Menschen für andere Verantwortung übernehmen. Die Schwachen der Gesellschaft sind es, denen Gerechtigkeit widerfahren muss. Im Gericht Gottes zählt, ob einer für andere Verantwortung übernommen haben.

Zum Dritten kommt Gott beziehungsweise Christus in diesem Gericht die Rolle des Richters zu. In Gott kommt eine überweltliche Instanz zum Zug, die das Geschehene beurteilt und ihm bestimmte Folgen zuweist. Gott steht für das Element der unkorrumpierbaren Gerechtigkeit, die den menschlichen Intrigen und Machtspielen entzogen ist: Das erwartete Gericht ist eines, das gerecht richtet und über die Menschen ohne Ansehen von Stand und Person urteilt.

In der Geschichte des Christentums ist die Gerichtsvorstellung häufig in ermahnender oder erzieherischer Absicht eingesetzt worden. Darauf richten sich auch manche biblischen Texte.

»Gott wird sagen: ›Ich hatte für euch meine kleinen Armen auf die Erde gesetzt. Ich, ihr Haupt, thronte im Himmel zur Rechten meines Vaters – aber auf Erden hatten meine Glieder Hunger. Wenn ihr meinen Gliedern zu essen gegeben hättet, wäre eure Gabe bis zum Haupte gelangt. Als ich meinen kleinen Armen einen Platz auf der Erde zuwies, setzte ich sie zu Boten ein, um eure guten Werke in meine Schatzkammer zu bringen. Ihr habt nichts in ihre Hände gelegt, darum besitzt ihr bei mir nichts.‹« (Augustinus)

*Ein **Ablass** oder **Ablassbrief** war im Mittelalter ursprünglich ein Schriftstück, das im Namen des Papstes oder eines von ihm beauftragten Bischofs herausgegeben wurde. Man bekam diesen Brief gegen die Verrichtung einiger Gebete oder aber gegen eine Spende für einen guten Zweck, beispielsweise den Bau einer Kirche oder eines Armenhauses. Das Versprechen der Kirche war: Erwirbt man einen solchen Ablass, dann verkürzt sich für die Verstorbenen die Zeit, die sie im Fegefeuer verbringen müssen, und zwar so: je höher die Spende, desto kürzer die Zeit. Letztlich war diese Praxis eine der Hauptkritikpunkte Luthers an der katholischen Kirche und einer der Auslöser für die Reformation.*

Später hat die Kirche mit der Ausschmückung von Gericht, Fegefeuer und Hölle allerdings häufig auf die Angst der Gläubigen gezielt und diese Tradition so für ihre eigenen Zwecke genutzt: Die Gläubigen sollten zu bestimmten, oft auf die Kirche gerichteten Handlungen (wie dem Erwerb von Ablassbriefen) motiviert oder von anderen (wie der Illoyalität gegenüber der weltlichen Macht der Kirche) abgehalten werden. Hier hat die Kirche oft ihre Macht missbraucht. Nicht zuletzt deshalb stehen viele Menschen heute der Rede vom göttlichen Gericht skeptisch gegenüber.

»Göttliches Gericht« heute: Gott als Gesprächspartner statt Richter

Was aber ist an dieser Tradition über die biblischen Kernaussagen hinaus noch bewahrenswert? Die römisch-katholische Kirche hält in ihrer Lehre bis heute daran fest, dass nach dem Tod das göttliche Gericht folgt, welches auch die Möglichkeit des reinigenden Fegefeuers einschließt: »Wer in der Gnade und Freundschaft Gottes stirbt, aber noch nicht vollkommen geläutert ist, ist zwar seines ewigen Heiles sicher, macht aber nach dem Tod eine Läuterung durch, um die Heiligkeit zu erlangen, die notwendig ist, in die Freude des Himmels eingehen zu können. Die Kirche nennt diese abschließende Läuterung der Auserwählten, die von der Bestrafung der Verdammten völlig verschieden ist, Purgatorium [Fegefeuer]« (»*Katechismus der Katholischen Kirche*«). Demgegenüber wird in den evangelischen Kirchen nicht angenommen, dass es eine solche Läuterung nach dem Tod noch gibt: »Jenseits der Todesgrenze sind wir ganz dem freien Richten Jesu Christi, seinem Offenbarmachen, seinem Loben und Verwerfen unserer Werke ausgeliefert. Möglichkeiten unserer ›Besserung‹ haben wir dann nicht mehr« (»*Votum der Union der Evangelischen Kirchen*«).

In jüngerer Zeit formulieren theologische Denker und Denkerinnen den Gedanken des göttlichen Gerichts in Kategorien und Bildern, die sich deutlich von den angstmachenden Szenarien der mittelalterlichen Christenheit absetzen. Auch hier sind die Vorstellungen zeitbedingt, wenn beispielsweise in der Moderne der Mensch als Individuum stärker in den Blickpunkt gerät.

So stellt man sich heute das göttliche Gericht oft als ein Geschehen zwischen Gott und dem einzelnen Menschen vor. Gott wird dabei weniger wie ein über allem thronender Richter gesehen, sondern eher in der Rolle eines unbestechlichen Gesprächspartners gedacht: Wie ein Spiegel des eigenen Lebens konfrontiert Gott mich mit dem, was in meinem Leben gelungen oder misslungen ist. Gott sieht mich und ich mich durch ihn so, wie ich bin: mit allen Seiten, die ich besitze; mit den Stärken, aber auch mit den Fehlern und Schwächen. Dieses schonungslose Aufdecken ist ein schmerzhafter Prozess, weil in ihm ans Licht kommt, was ich bislang in meinem Leben oft mühevoll verborgen habe.

Eine solche Position vertritt die Union der Evangelischen Kirchen in ihrem Votum zum ewigen Leben: »In Gottes Ewigkeit wird offenbar werden, wer wir als jeweils besondere Menschen gewesen sind. Sie wird als Ereignis des gänzlichen Klarmachens unseres gewesenen Lebens erhofft, das allerdings den Charakter des *Gerichtes* Gottes über unser gewesenes Leben hat. Denn das Dunkle, Zerstörerische, das Menschen mit ihrer Sünde in ihr Leben eingebrannt haben, kann nicht klargemacht werden. Es kann nur vergehen. ... Nur die Werke, die sich samt den Spuren, die sie in unserem Lebensprofil hinterlassen haben, als ›böse‹ Werke erweisen, werden ›verbrannt‹ werden und vergehen. ... Die *Person* des im Glauben gerechtfertigten Menschen wird nicht noch einmal infrage gestellt. Glaubende können auf dieses Gericht darum voller Hoffnung zugehen. Es wird offenbar machen, was uns in unserem Leben letztlich immer verborgen bleibt« (»*Votum der Union der Evangelischen Kirchen*«).

Auch wenn hier die Rolle Gottes als Richter gegenüber den alten Traditionen neu bestimmt wird, so werden doch wichtige Aspekt des Gerichts bewahrt: Die Wahrheit über (m)ein Leben kommt ans Licht, wie sie vor Gott existiert und nur bei Gott existieren kann. Menschliche Wahrnehmung ist immer getrübt und nie unbeeinflusst von Eigeninteressen. Von Gott gilt dies nicht. Gott kennt die Wahrheit meines Lebens. Diese göttliche Wahrheit teilt Gott mit mir nach meinem Tod.

Von älteren Vorstellungen unterscheidet sich dieses Szenario vor allem dadurch, dass diese auch schmerzliche und harte Konfrontation nun in einem Umfeld gedacht wird, das von Liebe und Erbarmen geprägt ist. Neuere Theologien scheuen sich von einer Verwerfung zu sprechen, wie sie im Weltgericht in Matthäus 25 so deutlich ausgemalt ist. Dass es eine strenge Unterscheidung der Menschen in Gute und Böse, Schafe und Böcke geben kann, wird heute nicht mehr oft angenommen.

Dies liegt sicher teilweise daran, dass die Welt komplexer geworden ist: Eine Unterteilung in Gute und Böse entspricht nicht den Verwicklungen, die wir alltäglich in unserem Leben erfahren. Eine solche Denkweise würde außer Acht lassen, dass wir in viele größere Zusammenhänge verwoben sind, innerhalb derer wir uns meist nicht nur einfach für »gut« oder »böse« entscheiden können. Zu vieles in unserem Leben ist durch kulturelle, gesellschaftliche, familiäre sowie weitere Faktoren vorgegeben, die wir als Einzelne nur begrenzt beeinflussen können.

Andererseits tritt an dieser Stelle auch zutage, wo vielleicht ein Defizit heutiger Vorstellungen vom göttlichen Gericht liegt: Wenn wir als Einzelne für die Rahmenbedingungen unseres Lebens nicht mehr verantwortlich sind – wer ist es dann? Sind es nur noch die Mächtigen in Politik und Wirtschaft, die das »große Rad« drehen und die Weltläufte entscheidend beeinflussen können? Kann nicht – und sollte nicht – auch jede und jeder Einzelne versuchen, das ihr beziehungsweise ihm Mögliche zu tun, um beispielsweise die Ungerechtigkeit abzubauen, die den Warenaustausch mit den Gesellschaften der Südhalbkugel heute prägt? Sind nicht viel größere Anstrengungen vieler Einzelner erforderlich, damit die christliche Sicht stärker in die Realität umgesetzt werden kann, dass nämlich alle Menschen zum Bild Gottes geschaffen sind und darum das gleiche Lebensrecht und die gleichen Lebenschancen beanspruchen können? Was ist mit dem Lebensrecht der außermenschlichen Schöpfung? Darf hier weiter der Raum anderer Lebewesen beschnitten werden, ohne dass Menschen dafür die Verantwortung übernehmen?

In diese Richtung gehen Anfragen, die man an modernere Konzepte vom göttlichen Gericht stellen könnte. Vielleicht sollte sich an diesem Punkt auch die mitteleuropäische

»Gott hält sein Wort mit Freuden, und was er spricht, geschicht,
und wer Gewalt muss leiden, den schützt er im Gericht.«
(Paul Gerhard)

Theologie stärker von Gedanken anregen lassen, die in den
Teilen der Welt gedacht werden, die sehr viel stärker unter
Ungerechtigkeit und Unterdrückung zu leiden haben.

»Weltgericht«: Der Mensch ist keine Insel und mit anderen untrennbar verwoben

Der weitere, mein eigenes Leben überschreitende Horizont
des göttlichen Gerichts wird auch in einem anderen Gedanken bewahrt. Neben dem göttlichen Gericht über das Leben
einzelner Menschen gibt es auch noch das Gericht über die
ganze Welt. In der biblischen Tradition wird dies vor allem in
den prophetischen und apokalyptisch geprägten Texten (wie
Offenbarung 20, siehe oben) ausgemalt. Wie diese Vorstellung
heute formuliert werden kann – und warum sie über die gerade
genannten Gründe hinaus auch heute bewahrt werden sollte –,
macht der oben bereits zitierte katholische Neutestamentler
Gerhard Lohfink in seinem Buch *»Naherwartung – Auferstehung – Unsterblichkeit. Untersuchungen zur christlichen Eschatologie«* am Beispiel der »Welt« deutlich, die bereits ein einzelner Mensch besitzt: »In diese Welt gehören die Mutter und
der Vater, die Schwester und der Bruder, die Gattin und der
Gatte, die Kinder, die Verwandten, die Freunde, diejenigen, für
die man Verantwortung trug, und viele andere Menschen. Sie
alle haben uns geprägt, sie alle gehören zur Geschichte unseres Lebens, sie alle sind ein Stück unseres Lebens geworden.
Unser Menschsein ist gar nicht denkbar ohne die tausend
Fäden, die uns mit den Menschen um uns verknüpfen. Wenn es
wahr ist, dass wir mit unserer ganzen Welt vor Gott hintreten,

dann treten wir auch mit diesen Menschen vor Gott hin. Und wenn Sie nun bedenken, dass die Menschen, die mit uns verbunden sind, wiederum mit vielen anderen Menschen verbunden sind – und so immer weiter, dann werden Sie begreifen, dass man überhaupt nicht nur von der Begegnung des einzelnen Menschen mit Gott sprechen kann, sondern dass man zugleich immer auch von der Begegnung aller Menschen, ja von der Begegnung der ganzen Menschheit und der ganzen Geschichte mit Gott sprechen muss.«

Hier tritt die Verwobenheit des Menschen mit seiner Umwelt auf andere Weise als in älteren biblischen Vorstellungen hervor. Wenn wir uns an die Unterschiede zwischen biblischem und heutigem Zeitverständnis erinnern (siehe Kapitel 3), dann wird allerdings die – in der römisch-katholischen Lehre festgeschriebene – zeitliche Unterscheidung eines Gerichts unmittelbar nach dem Tod von einem Endgericht über die ganze Welt problematisch. Wie beides trotzdem zusammengedacht werden kann, erläutert der katholische Theologe Norbert Scholl in dem Buch »*Tot – und was kommt dann?*«: »Ewigkeit lässt sich vergleichen mit dem Mittelpunkt eines Kreises, der von der Peripherie (der Zeit) immer gleich weit entfernt bleibt. Ich mag auf dem Kreisboden ansetzen, wo ich will, immer bin ich dem Zentrum gleich nah und gleich fern.« Ob mehrere richtende Akte voneinander unterschieden werden können oder nicht, liegt am Blickwinkel der Betrachtenden: »Von uns, aus dem Blickwinkel der Zeit her gesehen, wird diese Zeit noch lange fortbestehen: der Einzelne stirbt heute, und seine Welt überlebt ihn. Unter diesem Blickwinkel kann die These nicht so formuliert werden. Aber von der anderen Seite, von Gott her aus dem Blickwinkel der Ewigkeit, sind Anfang und Ende der Zeit ›jetzt‹, ist der Tod des Einzelnen und der Tod der ihn zeitlich Überlebenden ›jetzt‹, stirbt nicht der eine früher, der andere später, sondern stirbt die gesamte

Menschheit ›jetzt‹. Das ist ein Gedanke, an den wir uns erst einmal gewöhnen müssen.«

Wenn wir die biblische Rede von einem zweiten Gericht am Ende über die ganze Welt aus dieser Perspektive betrachten, dann wird deutlich, wie sehr ein solches Verständnis von unseren heutigen beziehungsweise menschlichen Zeitkategorien geprägt ist. Doch auch wenn wir nur von *einem* gesamten Gerichtshandeln Gottes ausgehen, darf das Element des Richtens über die ganze Welt – in theologischer Sprache: das Universalgericht – dabei nicht unterschlagen werden. Dies betont die katholische Theologin Sabine Pemsel-Maier: »... das Gericht bedeutet die Scheidung von Heil und Unheil. Wenn Gott sein Heil universal durchsetzt, dann muss sich zeigen, was Bestand hat und was der Nichtigkeit anheimfällt. Wer auf das Sichdurchsetzen des Heils von Gott wartet, erwartet darum zugleich das Kommen des Gerichts. Mit ihm verbindet sich die Hoffnung auf die Aufdeckung und endgültige Überwindung des Bösen, auf den endgültigen Sieg über das Unheil. Mit dem Gericht verbindet sich die Hoffnung auf die Herstellung umfassender Gerechtigkeit – die es hier auf dieser Welt nicht gibt. Vollendung ohne Gerechtigkeit aber wäre keine Vollendung, sondern ein Widerspruch in sich.«

Gegenüber älteren Traditionen fällt vielleicht auf, dass in diesem Verständnis des Weltendes der Begriff des »Weltuntergangs« keine große Rolle mehr spielt. Der Schlüsselbegriff ist nun ein anderer, nämlich die »Vollendung«. Auf sie läuft das göttliche Gericht zu, und durch sie zeichnet sich das ewige Leben aus. Was aber ist unter dieser Vollendung zu verstehen?

6. Ewiges Leben: Wie kann das konkreter aussehen?

Wie wird das ewige Leben wohl sein?

Wir wissen, dass unsere Möglichkeiten begrenzt sind, uns das ewige Leben vorzustellen. Auch wenn die christliche Botschaft lautet, dass es ein Leben in Gottes Nähe und in Vollendung ist, stillt das nicht die Sehnsucht nach Bildern von dem, worauf wir zugehen und was uns erwartet. Doch beim Finden von Bildern ist Vorsicht angebracht.

Die gesamte Geschichte der Kirchen hindurch haben sich Menschen den kühnsten Gedanken darüber hingegeben, wie das ewige Leben wohl sein wird. Da die Bibel mit Details eher sparsam ist, waren sie auf andere Quellen angewiesen. Die biblische »Unbestimmtheit reizt, das Fehlende mithilfe der Fantasie durch eigene Gedanken und Vorstellungen zu ergänzen«, wie Michael Hüttendorf meint. Doch welchen Aussagegehalt haben diese menschlichen Fantasien und Gedankengebilde letztlich?

> »Denn wenige aus der gewaltigen Menge sorgen sich darum, auf welchem Wege man zum Himmel wandern soll; aber alle begehren vor der Zeit zu wissen, was dort geschieht. Obwohl fast alle faul und träge sind, wenn es darum geht, sich Kämpfen auszusetzen, malen sie sich schon eingebildete Triumphe aus.« (Johannes Calvin)

Der evangelische Theologe Eberhard Jüngel warnt vor den naheliegenden Versuchen, den Zustand des ewigen Lebens so auszumalen, dass dann alles in Fülle vorhanden sein wird, was im irdischen Dasein schmerzlich vermisst wird: »Alle Versuche, aufgrund von Mangelerfahrungen … zu bestimmen, was Ewigkeit ist und was ewig genannt zu werden verdient, laufen Gefahr, die eigentliche Bedeutung der Ewigkeit … zu verfehlen. Solche Versuche sind schon deshalb problematisch, weil keineswegs ausgemacht ist, zu welchen Mangelerfahrungen Ewigkeit den Kontrast bilden soll: zur Erfahrung des nicht verweilenden Augenblicks, zur Erfahrung mangelnder stabilitas loci (›unstet und flüchtig auf Erden‹ – Genesis 4,12), zur Erfahrung physischer Vergänglichkeit, zur Erfahrung psychischer Verletzbarkeit, zur Erfahrung intellektueller Begrenztheit, zur Erfahrung geistiger und moralischer Ohnmacht und dergleichen mehr?«

Wie aber können wir uns die Ewigkeit vorstellen, wenn in ihr nicht all das vorhanden sein soll, was uns im irdischen Leben fehlt? Ein Ansatzpunkt für eine Bestimmung kann darin liegen, »ewig« zuallererst als eine Eigenschaft Gottes zu verstehen. Allein Gott ist es, dem dieses Prädikat zukommt; nur Gott steht in wahrhaft »ewiger« Weise jenseits von Zeit und Raum. Was aber zeichnet Gottes Sein aus?

Für eine Näherbestimmung sind von den vielen Seiten Gottes vor allem zwei Aspekte geeignet: Zum einen ist Gott ein Gott des Lebens; einer, der sich den Mächten des Todes entgegenstellt und immer wieder Neues schafft. Das kommt in vielen Texten des Alten und Neuen Testaments zum Ausdruck. Dieser Wille zur Neuschöpfung kommt beispielhaft in der Passage der Auferweckung der Toten Israels in Ezechiel 37 (siehe oben, Kapitel 3) zur Sprache. Zwei weitere Texte seien genannt, die von der radikalen Neuschöpfung der Welt durch Gott sprechen:

»Denn ich will einen neuen Himmel und eine neue Erde schaffen, an das Frühere wird man nicht mehr denken, es kommt nicht mehr in den Sinn« (Jesaja 65,17).

»Dann sah ich einen neuen Himmel und eine neue Erde; denn der erste Himmel und die erste Erde sind vergangen, auch das Meer ist nicht mehr … und es wird keinen Tod mehr geben« (Offenbarung 21,1 und 4).

Gott will neu machen, neu schaffen und das Alte verändern. In diesem Sinn stellt sich Gott dem Tod entgegen; Tod wäre in diesem Sinn auch Leblosigkeit in der Welt, Stillstand, lähmende Stagnation.

Der zweite Aspekt Gottes in diesem Zusammenhang ist die göttliche Dreieinigkeit. Diese Vorstellung erschöpft sich nicht darin, dass Gott im Christentum als drei Personen in einer vorgestellt wird, sondern dass es zu Gottes Wesen gehört, ein Gott der Beziehungen zu sein: Gott ist in sich selbst vielfältig und hat damit bereits in sich vielfältige Beziehungen. Gott ist kein asoziales Wesen, das unberührt über den Dingen schwebt, sondern ein soziales Wesen, das mit sich und anderem in Kontakt tritt. Aus diesen beiden Aspekten leitet Eberhard Jüngel zwei Vorstellungen ab, die das ewige Leben grundlegend prägen: den Ereignisreichtum – als Gegenteil des tödlichen Stillstands – sowie den Beziehungsreichtum – als Gegenteil der tödlichen Beziehungslosigkeit.

Können wir noch einen Schritt weiter gehen und zu erfassen versuchen, wie die göttliche Lebendigkeit und Beziehungshaftigkeit für uns Menschen in der Ewigkeit aussehen kann?

Lebendigkeit könnte beispielsweise bedeuten, dass wir darauf hoffen dürfen, uns auch im ewigen Leben weiterzuentwickeln. Ewiges Leben ist in dieser Sicht gerade nicht ein Zustand

»Die menschliche Liebe ist ein schwacher Schimmer der Ewigkeit.«
(Ernesto Cardenal)

der Wiederholung des »Ewiggleichen«, sondern ein Wachsen an Neuem, bisher Unbekanntem. Zur Lebendigkeit des ewigen Lebens könnte auch gehören, dass wir die leibliche Auferstehung erwarten dürfen, denn Leiblichkeit ist die Grundlage des Fühlens und des Erlebens und damit die Basis unserer Lebendigkeit.

Diesem gerade genannten zweiten Aspekt soll ein eigener Abschnitt gewidmet werden, denn er rührt an eine von vielen Menschen gehegte Sehnsucht: nach dem Tod lieben Menschen wiederzubegegnen. Haben wir Grund, dies zu erhoffen?

Werde ich Menschen aus diesem Leben wiedersehen?

Was können wir uns darunter vorstellen, dass sich das ewige Leben durch einen Reichtum an Beziehung auszeichnet? Heißt das, dass ich alle Menschen wiedersehen werde, die mir je im Leben begegnet sind? Oder werde ich nur die Menschen wiedertreffen, mit denen ich in liebevollen Beziehungen verbunden war oder lange Wegstrecken geteilt habe? Wie viele der Vorstellungen rund um das ewige Leben, so ist auch diese sehr an dem orientiert, was wir hier und jetzt im Leben vor dem Tod erfahren.

Das ewige Leben zeichnet sich vor allem dadurch aus, dass wir Menschen dann in der unmittelbaren Nähe Gottes sind. Die Nähe zu Gott schließt das aus, was aus christlicher Sicht

Als Karl Barth nach einem Vortrag in einem Diakonissenhaus über die Auferstehung der Toten die Schwestern zur Diskussion ermunterte, wurde er nach einer langen, verlegenen Pause von der Mutter Oberin gefragt: »Sehr geehrter Herr Professor, sehen wir nun unsere Lieben im Himmel wieder?« Barth antwortete: »Ja, gnädige Frau, aber die anderen auch!«

die Grundlage vieler Leiderfahrungen und Beschwernisse ist; zusammengefasst wird das unter dem Begriff der »Sünde«. Als Sünde bezeichnet man das, was uns von Gott trennt; daneben aber auch das, was uns von unseren Mitmenschen trennt und davon, wie wir selbst eigentlich sind. Sehr zugespitzt besteht die Sünde in der Feindschaft gegenüber Gott und den Menschen. Von dieser Sünde werden wir, so hofft es der christliche Glaube, im Gericht Gottes befreit. Gottes Klarheit deckt im Gericht (siehe Kapitel 5) auf, was sündig ist, und nimmt der Sünde dadurch die Macht. Damit sind all unsere Beziehungen nicht mehr durch Trennendes – wie schlechte Absichten, ablehnende Haltungen, Ängste oder schlechte Erfahrungen – bestimmt. Dazu kommt, dass unsere Beziehungen auch nicht mehr durch die Faktoren eingeschränkt werden, die uns gesellschaftlich vorgegeben sind und unser Verhalten in eine Richtung lenken, die für andere Menschen schädlich ist und die unsere Gottesbeziehung trüben. In evangelischer Sicht wird dies so umschrieben: »»Bei Christus sein‹, wie Paulus in Phil[ipper] 1,23 das ewige Leben nennt, ist ... kein Sein in der Isolation von anderen Menschen. Es ist vielmehr ein Sein in intensivster Kommunikation aller ewig klargemachten [das heißt, der durch das göttliche Gericht gegangenen] Menschen untereinander. ... Die Grenzen, die Menschen voneinander nicht nur unterscheiden, sondern – weil sie Täter und Opfer der Zerstörung von Beziehungen sind – auch scheiden, werden im ewigen Leben kein Hindernis gegenseitigen Offenbarwerdens mehr sein. Die Weite der Kommunikation im ewigen Leben kann darum als ein Fest ungehinderten *Herausgehens* von Menschen aus sich selbst bildhaft vorgestellt werden. ... In solchem Herausgehen wird es zu vollkommenem gegenseitigen Einverstandensein jedes einzelnen Menschen mit allen anderen Menschen kommen« (»*Votum der Union der Evangelischen Kirchen*«).

So richtet sich die christliche Hoffnung darauf, dass im ewigen Leben viele Schranken fallen: Schranken, die einem guten, gelingenden Austausch zwischen Menschen im Wege stehen; die die Kommunikation verfälschen, die zu Missverständnissen und dem daraus resultierenden Leid führen. Gewisse Schranken aber werden bleiben: Menschen – und andere Lebewesen! – werden vermutlich nicht völlig und unter Verlust ihrer jeweiligen Eigenart in einer ununterscheidbaren Masse untergehen. Das würde dem widersprechen, dass wir im Leben von Gott als Einzelne angesehen und bewahrt werden (vergleiche Kapitel 5).

Andererseits gilt die Hoffnung auf das ewige Leben nicht nur einzelnen Menschen, sondern der ganzen Welt. Es fällt schwer, diese Weise des Weiterlebens zu denken; eine ganz neue Qualität der Verbindung aller Lebewesen untereinander, die gleichzeitig doch die Eigenheiten bewahrt. Vielleicht können Erfahrungen von Kontemplation und Meditation einen anfänglichen Eindruck von einem solchen Zustand vermitteln?

Die christliche Vorstellung des ewigen Lebens mündet in die Überzeugung, dass dies ein Zustand ist, in dem die Ursachen für Leid und Schmerz weggenommen sind und einem Raum der Freude weichen: »Ewiges Leben ist ... von alters her und so auch heute auf den Grundton der *Freude* gestimmt. ... Ewige Freude ist ... das Menschen in jeder Hinsicht durchstimmende

»Der Spruch des Psalmisten: Wenn ich nur dich (Gott) habe, so frage ich nichts nach Himmel und Erde, ob mir auch Leib und Seele verschmachte (Psalm 73,25 f.), hat sich in der Denkweise der neueren Zeit so umgekehrt, dass es jetzt heißt: Wenn ich nur mein Ich in Sicherheit habe, so frage ich nichts nach Gott und Welt.« (David Friedrich Strauß)

Ewiges Leben

Wohlgefallen an dem, was überhaupt Wirklichkeit ist. In unserer endlichen Welt ist das schwer zu beschreiben. Vielleicht machen Menschen in diesem oder jenem *Augenblick* eine solche Erfahrung. Sie rührt uns dann als ein Vorzeichen der Ewigkeit inmitten vieler Traurigkeiten an, die der Abbruch der Kommunikation mit Gott, mit uns selbst und den liebsten Menschen neben uns über uns schüttet. Die Freude am ewigen Leben muss dergleichen Hindernisse nicht mehr überwinden. Alle Grenzen, die es auch dort geben wird, weil Gott uns Menschen ein Anderer bleibt und wir Menschen uns untereinander auch Andere bleiben werden, werden dann zu *Toren* der Begegnung miteinander geworden sein« (»*Votum der Union der Evangelischen Kirchen*«).

So lässt sich unsere eingangs gestellte Frage wohl am besten dahingehend beantworten, dass wir auf ein Wiedersehen mit den Lieben im ewigen Leben nach dem Tod hoffen dürfen. Gleichzeitig wird dies ein Wiedersehen von anderer Qualität sein als die Begegnungen, die wir in diesem Leben hatten. Es wird zwar noch Grenzen zwischen Menschen geben, aber ihre Bedeutung wird sich gewandelt haben.

7. Eine neue Sicht auf das Leben: Wie der Glaube an das ewige Leben das Hier und Jetzt verändern kann

Gerade weil das ewige Leben aus christlicher Sicht ein Zustand der Freude ist, besitzt es auch die Kraft, unser jetziges Leben in einem neuen Licht erscheinen zu lassen, denn die heutige Sicht auf die Vorstellung vom ewigen Leben macht deutlich, dass sich darin keine Vertröstung auf das »Jenseits« verbirgt. Im Gegenteil: Der Glaube an das ewige Leben kann auf das jetzige Leben in verschiedener Weise befreiende Wirkung haben. Und zwar aus mehreren Gründen:

Zunächst deshalb, weil das ewige Leben aus christlicher Sicht nicht nur als Zustand nach dem Tod gesehen wird. Schon im jetzigen Leben können wir Erfahrungsmomente erleben, die den Charakter des Ewigen tragen. Dieser Aspekt tritt bereits in der biblischen Rede vom ewigen Leben deutlich hervor, wie der katholische Theologe Gisbert Greshake in seinem Buch »*Tod – und dann?*« zusammenfasst: »»Amen, amen, ich sage euch, wer mein Wort hört und an den glaubt, der mich gesandt hat, hat ewiges Leben und kommt nicht ins Gericht, sondern ist vom Tod zum Leben hinübergegangen‹, spricht Christus im Johannesevangelium (Johannes 5,24). Und nach Paulus ist es nicht anders: Der Geist der Auferstehung ist uns bereits geschenkt (vergleiche 2 Korinther 1,22; 5,5 und öfter). Wenn einer in Christus ist, ist in ihm bereits die neue Schöpfung angebrochen (vergleiche 2 Korinther 5,17), ja, wir sind bereits in der Taufe mit Christus auferweckt worden (Kolosser 2,11 f.), mehr noch: in den Himmel aufgefahren (Epheser 2,5 f.). Der Tod eines Glaubenden bringt nur ›heraus‹ und zur Fülle,

»Der Himmel auf Erden ist überall, wo Menschen von Liebe zu Gott, zu ihren Mitmenschen und zu sich selbst erfüllt sind.« (Hildegard von Bingen)

was jetzt schon verborgen in ihm ist: das neue Leben der Auferstehung. ›Wir sind schon Kinder Gottes; es ist nur noch nicht heraus, was wir sein werden‹ (1 Johannes 3,2).«

Ewiges Leben als Utopie: Veränderung ist möglich!

Der Glaube an das ewige Leben lässt unsere sichtbare Wirklichkeit transparent erscheinen für die Ewigkeit. Er weist uns darauf hin, dass es mehr gibt als nur das, was wir mit unseren begrenzten menschlichen Sinnen erfahren können. Dies kann für viele Menschen ermutigenden und tröstlichen Charakter haben, insbesondere für die, die unter ihren Lebensumständen leiden, ohne sie verändern zu können. Wer unter Ungerechtigkeit, Hunger, Krieg oder Folter leidet, muss dies nicht nur stumm erdulden und sich fügen. Ein solcher Mensch kann – wie etwa der evangelische Theologe Dietrich Bonhoeffer – das eigene Schicksal in diesem größeren Horizont anders betrachten. Wenn ich mein derzeitiges Leben nur als einen Teil eines weiter ausgespannten Lebens ansehe, gewinne ich größere Unabhängigkeit gegenüber dem, was mir hier und jetzt widerfährt. Vieles erscheint dann als sehr vorläufig. Auch Mächte, die mir nach dem Leben trachten, können mich doch nicht endgültig vernichten – denn Gottes Möglichkeiten im ewigen Leben überschreiten die Bedrohungen, die andere Menschen oder Naturkatastrophen für mich darstellen können. Dies ist die zentrale Hoffnung vieler biblischer Texte. Hinter ihnen steht die Erfahrung, dass Gott auch dann weiterhilft, wenn aus menschlicher Sicht das Ende gekommen ist.

»Nehmen sie den Leib, Gut, Ehr, Kind und Weib: lass fahren da-
hin, sie haben's kein' Gewinn, das Reich muss uns doch bleiben.«
(Martin Luther)

In diesem Verständnis kann im Glauben an ein ewiges Leben
auch eine Ermutigung zu politischem Handeln liegen: Die
Gewissheit eines Weiterlebens versetzt in die Lage, sich unabhängiger gegenüber Tyrannei und Unterdrückung zu verhalten. Und zwar nicht nur aus dem Grund, dass die menschlichen
Bedrohungen nur bis zum irdischen Tod reichen; dies ist sicher
nur eine Perspektive für wenige Menschen.

Darüber hinaus gibt das ewige Leben ein Bild davon, wie
Leben jenseits der vielen jetzigen Beschränkungen aussehen
kann. Die Vorstellung eines Lebens bei Gott, eines Lebens in
Fülle, kann utopische Kraft entwickeln und als Korrektiv zu
dem dienen, wie es im Augenblick tatsächlich ist. Wir können
in den Hoffnungsbildern für ein besseres Leben unabhängiger
von materiellen oder ideologischen Orientierungen werden
und uns stärker an dem ausrichten, was das Leben fördert und
Beziehungen unterstützt. Das ewige Leben kann die Dimension besitzen, neue Kräfte in uns freizusetzen, denn wir bewegen uns nicht einfach zeitlich auf das ewige Leben zu, sondern
können von ihm und seiner Fülle jetzt schon zehren. So kann
die Vision eines besseren Lebens zur Kraftquelle für die Arbeit
an der Veränderung des Lebens im Hier und Jetzt werden.

»Wenn um uns herum Streit und Tod ihre wilde Herrschaft üben,
dann sind wir aufgerufen, nicht nur durch Worte und Gedanken,
sondern auch durch die Tat Gottes Liebe und Gottes Frieden zu bezeu-
gen. Täglich wollen wir uns fragen, wo wir durch die Tat Zeugnis
geben können für das Reich, in dem Liebe und Friede herrscht. Nur
aus dem Frieden zwischen zweien und dreien kann der große Friede
einmal erwachsen, auf den wir hoffen.« (Dietrich Bonhoeffer)

Bei dem Bemühen, in der Welt verändernd tätig zu werden, kann der Glaube an das ewige Leben auch eine Entlastung bieten. Da dieses Leben nicht alles ist, nicht »*die letzte Gelegenheit*« – so der Titel des populären Buches von Marianne Gronemeyer aus dem Jahr 1996 –, müssen wir Menschen bei allem Bemühen nicht alles alleine erreichen. Der Glaube an das ewige Leben kann den eigenen Horizont erweitern und uns dadurch größere Gelassenheit schenken: Das, was wir Menschen trotz aller Kämpfe und Anstrengungen hier nicht erreichen werden, können wir in Gottes Hand legen, damit es durch ihn vollendet wird.

In dieser Sicht ist es auch nicht mehr nötig, gegen den eigenen Tod anzurennen oder ihn radikal aus dem Leben zu verdrängen: Wenn ich weiß, dass der Weg meines wirklichen, ganzen Lebens jenseits der Todesgrenze noch weitergeht, verliert der Tod einen Teil seiner Bedrohlichkeit. Er wird stärker zu einer Etappe auf meinem Weg. Diese wird zwar immer noch durch die Abschiede von anderen Menschen und durch das eigene Sterben mit Leid verbunden sein, aber eine endgültige Zäsur kann sie nicht mehr setzen.

Den Opfern von Ungerechtigkeit und Gewalt kann der Glaube an das ewige Leben Hoffnung stiften. Diese Hoffnung richtet sich auf das göttliche Gericht, dem auch diejenigen nicht entkommen werden, die den irdischen Gerichten entfliehen konnten. Das göttliche Gericht ist die Gewähr dafür, dass es eine letzte Gerechtigkeit gibt, die auch dann noch gilt, wenn sie in der Welt nicht durchgesetzt werden kann.

Schließlich kann der Glaube an das ewige Leben einen neuen Horizont aufzeigen, indem er uns davon abhält, unsere Vorstellungen über die Zukunft der Welt völlig durch die Gegenwart bestimmen zu lassen. Manchen erscheint die Zukunft heute so, dass sie bereits (zumindest) für die nächsten Jahrzehnte festgelegt ist. Diese Haltung rechnet nicht mit einem verändernden Eingreifen Gottes, sondern schreibt die Gegenwart nur in die Zukunft fort. Der Historiker Lucian Hölscher sieht hierin eine »Kolonisierung der Zukunft« durch die Gegenwart. Gegenüber dieser Entwicklung sind auch aus der Sicht moderner Geschichtstheorie Bedenken anzumelden. Dazu bemerkt der evangelische Theologe Ulrich H. J. Körtner: »Es geht in der Eschatologie wie in der Geschichtstheorie nicht allein um den möglichen Sinn der Zukunft, sondern um ihre Rettung als Freiraum des Offenen.« Der Glaube an das ewige Leben kann hier gegensteuern, indem er auf die Macht Gottes hindeutet, die alle menschlich denkbaren Grenzen sprengen kann. So wird an die Unplanbarkeit des Künftigen erinnert.

Diese unterschiedlichen Facetten des Glaubens an das ewige Leben machen deutlich, dass diesem Teil des christlichen Glaubens eine enorme Kraft zur Veränderung der Gegenwart innewohnt.

Schluss

»Wer weiß, ob die letzte Stufe des Fortschritts, in Millionen von Jahrhunderten, nicht das vollkommene Bewusstsein des Weltalls und in diesem Bewusstsein die Erweckung alles dessen, was gelebt hat, herbeiführen wird. Der Schlummer einer Million Jahre ist nicht länger als der Schlummer einer Stunde.« (Ernest Renan)

Unsere Erkundungen eines weniger bekannten Segments des christlichen Glaubens gelangen an ihr Ende. Mehr als andere Bereiche des Christentums ist der Glaube an das ewige Leben davon geprägt, dass er sich durch den Augenschein nicht bewahrheiten lässt. Der Glaube an das ewige Leben ist dabei – anders als die ihm oft entgegengebrachten Vorbehalte meinen – keine Vorstellung, die mit einer passiven Haltung im Leben oder mit Jenseitsvertröstung verknüpft sein muss. Ganz im Gegenteil: Ein Leben, das sich auf das ewige Leben hin orientiert, kann eine erstaunliche Dynamik entwickeln. Es sucht nach Zeichen für das Ewige im Jetzt, und es weiß sich gehalten in einem größeren Rahmen, der angstfreies Handeln im Hier und Jetzt ermöglicht.

Natürlich konnten hier nicht alle Fragen im Zusammenhang mit der christlichen Vorstellung vom ewigen Leben behandelt werden. Offen blieben unter anderem zwei Fragekomplexe, die längerer Ausführungen bedurft hätten: Zum einen das Problem, ob Gott allen Menschen nach ihrem Tod vergibt; diese sogenannte Lehre von der Allversöhnung ist in der Geschichte der Kirchen ein strittiges Thema gewesen.

Außen vor geblieben sind in diesen Ausführungen zum Zweiten auch die Auswirkungen des ewigen Lebens auf Menschen, die nicht an Christus glauben. Wenn die Hoffnung auf das ewige Leben und auch das Gericht Gottes die ganze Welt einschließen, dann müssten eigentlich auch Menschen inbegriffen sein, die anderen oder gar keinen religiösen Traditionen angehören. Doch gilt die Hoffnung auf das ewige Leben ihnen auch dann, wenn sie sich bewusst gegen das Christentum und damit gegen eine Hoffnung auf das ewige Leben entschieden haben?

In der christlichen Tradition gibt es hierauf unterschiedliche Antworten. In vielen Entwürfen wird daran festgehalten, dass diese Menschen vor dem Gericht Gottes nicht verdammt werden, sondern dass Jesus Christus für sie eintritt. Eine berechtigte Anfrage an diesen Gedanken wäre, ob dies nicht doch eine nachträgliche »Taufe« derer wäre, die sich gar nicht als Christen und Christinnen sehen.

Groß sind die Verheißungen, die mit dem christlichen Glauben an das ewige Leben verbunden sind; zahlreich sind die Fragen, die bei diesem Thema offen bleiben. Der Glaube daran ist immer ein Wagnis gewesen und wird es bleiben.

Literatur zum Nach- und Weiterlesen

Ernst Bloch: Das Prinzip Hoffnung, 3 Bände, Frankfurt am Main 1959

Michael von Brück: Ewiges Leben oder Wiedergeburt? Sterben, Tod und Jenseitshoffnung in europäischen und asiatischen Kulturen, Freiburg im Breisgau 2007

Martin Ebner: Die Auferweckung Jesu – oder: Woran glauben Christen? Die urchristliche Osterbotschaft im Kontext zeitgenössischer Vorstellungen, Bibel und Kirche 64/2 (2009), S. 78–86

Ecclesia Catholica, Katechismus der Katholischen Kirche, München u. a. 1993

Evangelischer Erwachsenenkatechismus = Jentsch, Werner u. a. (Hg. im Auftrag der Katechismuskommission der VELKD), Evangelischer Erwachsenenkatechismus. Kursbuch des Glaubens, Gütersloh ⁴1982

Günter Ewald: Nahtoderfahrungen: Hinweise auf ein Leben nach dem Tod? Mainz 2008

Herrmann-Josef Frisch: Ewiges Leben: Lebenswissen Religion, Düsseldorf 2007

Gisbert Greshake: Tod – und dann? Ende – Reinkarnation – Auferstehung: Der Streit der Hoffnungen, Freiburg im Breisgau 1988

Gisbert Greshake/Gerhard Lohfink: Naherwartung – Auferstehung – Unsterblichkeit. Untersuchungen zur christlichen Eschatologie, Freiburg im Breisgau ⁴1982

Gisbert Greshake: Zum römischen Lehrschreiben über die Eschatologie (17.5.1979), in: ders./Gerhard Lohfink: Naherwartung – Auferstehung – Unsterblichkeit. Untersuchungen zur christlichen Eschatologie, Freiburg im Breisgau ⁴1982, S. 185–192

Lucian Hölscher: Wie sollen wir die Zukunft denken? Über den Fortgang und das Ende der Geschichte, in: Ulrich H. J. Körtner (Hg.): Die Gegenwart der Zukunft. Geschichte und Eschatologie, Neukirchen-Vluyn 2008, S. 15–28

Michael Hüttenhoff: Ewiges Leben. Dogmatische Überlegungen zu einem Zentralbegriff der Eschatologie, Theologische Literaturzeitung 125 (2000), S. 863–880

Eberhard Jüngel: Thesen zur Ewigkeit des Ewigen Lebens, Zeitschrift für Theologie und Kirche 97 (2000), S. 80–87

Ulrich H. J. Körtner: Zur Einführung. Geschichte und Gegenwart in der Theologie der Gegenwart, in: ders. (Hg.): Die Gegenwart der Zukunft. Geschichte und Eschatologie, Neukirchen-Vluyn 2008, S. 1–13

Hans Küng: Ewiges Leben? München 2007

Bernhard Lang/Colleen McDannell: Der Himmel. Eine Kulturgeschichte des ewigen Lebens, Frankfurt am Main ²1990

Gotthold Ephraim Lessing: Die Erziehung des Menschengeschlechts und andere Schriften, Stuttgart 1980

Gerhard Lohfink: Was kommt nach dem Tod? in: Gisbert Greshake/ders.: Naherwartung – Auferstehung

– Unsterblichkeit. Untersuchungen zur christlichen Eschatologie, Freiburg im Breisgau ⁴1982, S. 208–223

Stefan Maul: Das Gilgamesch-Epos. Neu übersetzt und kommentiert, München 2005

Jürgen Moltmann: Theologie der Hoffnung. Untersuchungen zur Begründung und zu den Konsequenzen einer christlichen Eschatologie, München 1964

Jürgen Moltmann: Im Ende – der Anfang. Eine kleine Hoffnungslehre, Gütersloh 2003

Sabine Pemsel-Maier: Der Traum vom ewigen Leben. Die christliche Hoffnung auf die Überwindung des Todes, Stuttgart 2000

PublikForum Nr. 18 (2009): Einmal Himmel und zurück

Norbert Scholl: Tot – und was kommt dann? Ein theologischer Kurs im Medienverbund, Mainz 1979

Sekretariat der Deutschen Bischofskonferenz (Hg.): Schreiben der Kongregation für die Glaubenslehre zu einigen Fragen der Eschatologie, Verlautbarungen des Apostolischen Stuhls 11, Bonn 1979

Union Evangelischer Kirchen in der Evangelischen Kirche in Deutschland, Votum: Unsere Hoffnung auf das ewige Leben, Neukirchen-Vluyn 2006

Herbert Vorgrimler: »… und das ewige Leben. Amen«, Münster 2006

Jörg Zink: Auferstehung. Am Ende ein Gehen ins Licht, Stuttgart 2005

Im Netz:

Arbeitshilfe zum Votum des Theologischen Ausschusses der Union der Evangelischen Kirchen in der Evangelischen Kirche in Deutschland: www.uek-online.de/Arbeitshilfe 1.pdf

www.uek-online.de/56645.htm

Literaturnachweis

S. 8: Gisbert Greshake: Tod – und dann? Ende – Reinkarnation – Auferstehung: Der Streit der Hoffnungen, Freiburg im Breisgau 1988, S. 16

S. 11: Gisbert Greshake: Tod – und dann? Ende – Reinkarnation – Auferstehung: Der Streit der Hoffnungen, Freiburg im Breisgau 1988, S. 27

S. 14/15: Jörg Zink: Auferstehung. Am Ende ein Gehen ins Licht, Stuttgart 2005, S. 20f.

S. 17: Gotthold Ephraim Lessing: Die Erziehung des Menschengeschlechts und andere Schriften, Stuttgart 1980, aus §§ 94, 96 und 98

S. 19/20: Michael Hüttenhoff: Ewiges Leben. Dogmatische Überlegungen zu einem Zentralbegriff der Eschatologie, Theologische Literaturzeitung 25 (2000), S. 874

S. 24: Jörg Zink, Auferstehung. Am Ende ein Gehen ins Licht, Stuttgart 2005, S. 8

S. 26: Stefan Maul: Das Gilgamesch-Epos. Neu übersetzt und kommentiert, München 2005, S. 128

S. 36: Martin Ebner: Die Auferweckung Jesu – oder: Woran glauben Christen? Die urchristliche Osterbotschaft im Kontext zeitgenössischer Vorstellungen, Bibel und Kirche 64/2 (2009), S. 82

S. 45/107: Dietrich Bonhoeffer, Konspiration und Haft 1940–1945, Gütersloher Verlagshaus, Gütersloh 2001, S. 473 f./ S. 472 f.

S. 47: Jörg Zink: Auferstehung. Am Ende ein Gehen ins Licht, Stuttgart 2005, S. 39

S. 47/48: Martin Ebner: Die Auferweckung Jesu – oder: Woran glauben Christen? Die urchristliche Osterbotschaft im Kontext zeitgenössischer Vorstellungen, Bibel und Kirche 64/2 (2009), S. 79

S. 48: Martin Ebner: Die Auferweckung Jesu – oder: Woran glauben Christen? Die urchristliche Osterbotschaft im Kontext zeitgenössischer Vorstellungen, Bibel und Kirche 64/2 (2009), S. 83

S. 51: Sabine Pemsel-Maier: Der Traum vom ewigen Leben. Die christliche Hoffnung auf die Überwindung des Todes, Stuttgart 2000, S. 129 f.

S. 52: Marie Luise Kaschnitz: Überallnie. Ausgewählte Gedichte 1928–1965, © 1965 Claassen Verlag in der Ullstein Buchverlage GmbH, Berlin

S. 54: Jörg Zink: Auferstehung. Am Ende ein Gehen ins Licht, Stuttgart 2005, S. 32

S. 63: Gisbert Greshake: Tod – und dann? Ende – Reinkarnation – Auferstehung: Der Streit der Hoffnungen, Freiburg im Breisgau 1988, S. 69

S. 63: David Friedrich Strauß: Die christliche Glaubenslehre in ihrer geschichtlichen Entwicklung und im Kampfe mit der modernen Wissenschaft dargestellt, Band 2, Tübingen 1841, S. 697

S. 65: Evangelischer Erwachsenenkatechismus = Jentsch,
Werner u. a. (Hg. im Auftrag der Katechismuskommission der
VELKD), Evangelischer Erwachsenenkatechismus. Kursbuch
des Glaubens, Gütersloh 1982, S. 889

S. 68: Gisbert Greshake: Tod – und dann? Ende – Reinkarnation – Auferstehung: Der Streit der Hoffnungen, Freiburg im
Breisgau 1988, S. 72

S. 70: Gisbert Greshake: Zum römischen Lehrschreiben über
die Eschatologie (17. 5. 1979), in: ders./Gerhard Lohfink:
Naherwartung – Auferstehung – Unsterblichkeit. Untersuchungen zur christlichen Eschatologie, Freiburg im Breisgau
[4]1982, S. 191

S. 70: Gerhard Lohfink: Was kommt nach dem Tod? in:
Gisbert Greshake/ders.: Naherwartung – Auferstehung –
Unsterblichkeit. Untersuchungen zur christlichen Eschatolo-
gie, Freiburg im Breisgau [4]1982, S. 216f.

S. 70: Gisbert Greshake: Tod – und dann? Ende – Reinkarnation – Auferstehung: Der Streit der Hoffnungen, Freiburg im
Breisgau 1988, S. 73

S. 72/73: Union Evangelischer Kirchen in der Evangelischen
Kirche in Deutschland, Votum: Unsere Hoffnung auf das
ewige Leben, Neukirchen-Vluyn 2006, S. 89

S. 76: Bernhard Lang/Colleen McDannell: Der Himmel.
Eine Kulturgeschichte des ewigen Lebens, Frankfurt am
Main, 2. Aufl. 1990, S. 34f.

S. 82; 90/91: Ecclesia Catholica, Katechismus der Katholischen Kirche, München u. a. 1993, §§ 1033; 1030, 1031

S. 91: Union Evangelischer Kirchen in der Evangelischen Kirche in Deutschland, Votum: Unsere Hoffnung auf das ewige Leben, Neukirchen-Vluyn 2006, S. 99

S. 92: Union Evangelischer Kirchen in der Evangelischen Kirche in Deutschland, Votum: Unsere Hoffnung auf das ewige Leben, Neukirchen-Vluyn 2006, S. 87, 88

S. 94/95: Gerhard Lohfink: Was kommt nach dem Tod?, in: ders.: Naherwartung – Auferstehung – Unsterblichkeit. Untersuchungen zur christlichen Eschatologie, Freiburg im Breisgau 1986, S. 219

S. 95/96: Norbert Scholl: Tot – und was kommt dann? Ein theologischer Kurs im Medienverbund, Mainz 1979, S. 86 f.

S. 96: Sabine Pemsel-Maier: Der Traum vom ewigen Leben. Die christliche Hoffnung auf die Überwindung des Todes, Stuttgart 2000, S. 115

S. 97: Johannes Calvin: Institutio III, 25,11

S. 97: Michael Hüttenhoff: Ewiges Leben. Dogmatische Überlegungen zu einem Zentralbegriff der Eschatologie, Theologische Literaturzeitung 25 (2000), S. 863

S. 98: Eberhard Jüngel: Thesen zur Ewigkeit des Ewigen Lebens, Zeitschrift für Theologie und Kirche 97 (2000): S. 80

S. 101: Union Evangelischer Kirchen in der Evangelischen Kirche in Deutschland, Votum: Unsere Hoffnung auf das ewige Leben, Neukirchen-Vluyn 2006, S. 102

S. 102: David Friedrich Strauß, Die christliche Glaubenslehre in ihrer geschichtlichen Entwicklung und im Kampfe mit der modernen Wissenschaft dargestellt, Band 2, Tübingen 1841, S. 697 f.

S. 102/103: Union Evangelischer Kirchen in der Evangelischen Kirche in Deutschland, Votum: Unsere Hoffnung auf das ewige Leben, Neukirchen-Vluyn 2006, S. 103

S. 105/106: Gisbert Greshake: Tod – und dann? Ende – Reinkarnation – Auferstehung: Der Streit der Hoffnungen, Freiburg im Breisgau 1988, S. 81

S. 109: Ulrich H. J. Körtner: Zur Einführung. Geschichte und Gegenwart in der Theologie der Gegenwart, in: ders. (Hg.): Die Gegenwart der Zukunft. Geschichte und Eschatologie, Neukirchen-Vluyn 2008, S. 9

Inspiration Christentum

Anselm Grün
Mystik
Den inneren Raum entdecken
Band 6060
Die Suche nach dem inneren Raum, in dem Gott erfahrbar wird, die
Sehnsucht nach der Entgrenzung machen die Faszination der Mystik aus.

Johannes B. Brantschen
Warum gibt es Leid?
Die große Frage an Gott
Band 6056
Das Leiden unschuldiger Geschöpfe lässt sich nur schwer mit dem Glauben
an einen guten und allmächtigen Gott vereinbaren. Was sagt Leid über
Gott aus? Wie können wir mit erlebtem Leid umgehen?

Roland Breitenbach
Pilgern
Den eigenen Weg finden
Band 6061
Immer mehr Menschen pilgern – der Weg wird zum Bild für das Leben.
Ein Buch über die ungeahnten Potenziale des Unterwegssein.

Marjorie Thompson
Achtsamkeit
Vom Umgang mit der eigenen Seele
Band 6183
Die jahrhundertealte Überlieferung des Christentums neu für Menschen
der Gegenwart: von der Tagesrückschau über die geistliche Begleitung bis
hin zur Gestaltung einer spirituellen Regel für das eigene Leben.

Uta Pohl-Patalong
Bibel lesen
Die Kraft der heilligen Texte
Band 6087
Die Texte der Bibel stecken voller Leben und Lebenstauglichkeit, die es zu
entdecken gilt. Das grundlegende Dokument des Christentums gibt den
notwendigen Überblick und zeigt Wege auf, zu einer persönlichen
Begegnung mit dem „Buch der Bücher" zu finden.

HERDER spektrum

Perlen der Weisheit

Der Trend zu »Spiritualität« ist ungebrochen. Menschen heute, ob religiös gebunden oder eher auf der Suche, sind fasziniert von der Lebensweisheit spiritueller Traditionen. Hier finden sie nachhaltige Orientierung in einer unübersichtlich gewordenen Welt.

HERDER spektrum

Meister der Spiritualität

Daniel Hell
Die Sprache der Seele verstehen
Die Wüstenväter als Therapeuten
Band 5910
Die eigene innere Wahrheit finden und so Gott näher kommen: Das war der Weg der Wüstenväter. Dieses Wissen um die Kunst eines Lebens in Gelassenheit ist auch gegenwärtig noch aktuell.

Geh den inneren Weg
Texte der Achtsamkeit und Kontemplation
Hg. von Willigis Jäger
Band 5999
Eine Auswahl von Texten, die Menschen in ihrem Innersten erreichen – zusammengestellt von einem der bedeutendsten spirituellen Lehrer unserer Zeit.

Ayya Khema
Was du suchst, ist in deinem Herzen
Der Weg zur inneren Klarheit
Band 5915
Zentrale Texte der großen buddhistischen Lehrerin für den Alltag. Meditationen und Einsichten weisen den Weg zu innerer Klarheit, denn „alles hat seinen Anfang in unserem Herzen".

Jiddu Krishnamurti
Das Wesentliche ist einfach
Antworten auf Fragen des Lebens
Band 5598
Wie finde ich das Glück? Warum wollen wir immer mehr? Der indische Weisheitslehrer schenkt überraschende Einsichten und überzeugende Orientierung. Ein Klassiker.

Thomas Merton
Ein Tor zum Himmel ist überall
Inspirationen
Band 6036
Ein Tor zum Himmel im Alltag finden – die Neuausgabe der schönsten Texte des großen, früh verstorbenen Mystikers Thomas Merton.

HERDER spektrum

Nossrat Peseschkian
Wenn du willst, was du noch nie gehabt hast, dann tu, was du noch nie getan hast
Geschichten und Lebensweisheiten
Band 5918
Eine knapp formulierte Weisheit, eine aufschlussreiche Szene bewirken oft einen erstaunlichen Erkenntnisgewinn über sich selbst und andere.

David Steindl-Rast
Die Achtsamkeit des Herzens
Band 5604
Spiritualität hat ihren Ort mitten im Alltag. Die Suche nach dem Sinn führt über alle Sinne. Ein faszinierendes Meditationsbuch: Über die zentralen Themen Einsamkeit, Stille, Sammlung, Staunen, Freude und Dankbarkeit.

David Steindl-Rast
Fülle und Nichts
Von innen her zum Leben erwachen
Band 5653
Der inspirierende Klassiker des weltbekannten Autors. Über Liebe, Hoffnung, Vertrauen, Dankbarkeit, Muße und Kontemplation. Befruchtend und erhellend.

Pierre Stutz
Ein Stück Himmel im Alltag
Sieben Schritte zu mehr Lebendigkeit
Band 5980
Lebendig ist, wer auf seine Seele achtet: In diesem Klassiker zeigt Pierre Stutz konkrete spirituelle Übungen, um zur Quelle der eigenen Lebendigkeit zu finden – und so den Himmel in den Alltag zu holen.

Pierre Stutz
Zeit des Wachsens, Zeit des Reifens
Leben im Rhythmus der Jahreszeiten
Band 5869
Inneres Wachstum geschieht wie der Rhythmus der Jahreszeiten: Frühling, Sommer, Herbst und Winter sind Sinnbild geglückten Lebens. Pierre Stutz lädt dazu ein, die Kraft der Jahreszeiten in sich selbst zu entdecken.

HERDER spektrum